井岡山墨蹟選

主编：徐诚　鲍甫生

青岛出版社

《井冈山墨迹选》编委会

序 言

迟浩田

金秋十月，井冈山革命根据地创建70周年之际，一部飘着浓浓墨香，饱含着众多无产阶级革命家和艺术家革命感情的碑刻书法集——《井冈山墨迹选》出版了，这对于缅怀老一辈无产阶级革命家的丰功伟绩，继承发扬井冈山的革命传统，是一件很有意义的事。

1927年10月，毛泽东同志率领秋收起义的工农革命军到达井冈山，开展武装斗争，建立了第一个农村革命根据地。翌年春，朱德和陈毅同志率领南昌起义保留下来的部队和湖南农军到井冈山与毛泽东同志会师，井冈山革命根据地得到进一步发展壮大。从此，中国革命开始走上了以农村包围城市，武装夺取政权的正确道路。井冈山革命根据地的创立，是以毛泽东同志为代表的中国共产党人在中国革命斗争史上的伟大创举。

70年的岁月是漫长的，昔日井冈山的滚滚硝烟已溶进了历史的长河，黄洋界的隆隆炮声也已消失在岁月的风尘中，而当年共产党人的革命血脉依然在这里延续着、跳动着，滋润着这片红色的土地。70年的岁月又是短暂的，就在这“弹指一挥间”，中国共产党人使一个半殖民地半封建的旧中国发生了翻天覆地的变化，干出了一番功垂千秋的伟大事业。在我们高举邓小平理论伟大旗帜，把建设有中国特色社会主义事业全面推向21世纪的今天，重温中国革命走过的光辉道路，重温井冈山精神，无疑会使我们以更加坚定的信念，去开创无限美好的未来。

新中国成立以后，毛泽东、朱德等井冈山革命根据地的创始人，参加过井冈山革命根据地斗争的老战士，纷纷重上井冈山，抚今追昔，豪情满怀，留下了许多脍炙人口的诗词墨迹。改革开放以来，党和国家新一代领导人十分关心革命老区的建设和发展，先后来到井冈山，并欣然题词。国内许多著名的书法家、艺术家也为井冈山挥毫作诗，抒发对井冈山精神的敬仰和赞美之情，为这片神圣的红色土地增添了浓重的艺术气息。

井冈山是中国革命的摇篮，这里培育了一支革命的队伍，这里燃起了永不熄灭的精神之火。《井冈山墨迹选》可以说是井冈山精神凝结的艺术之花。该书编委会的同志让我作序，我写了上面这些话，谨以此献给为中华民族的解放事业英勇奋斗以至献出生命的革命先辈们。

1997年10月

目　录

井冈山墨迹選

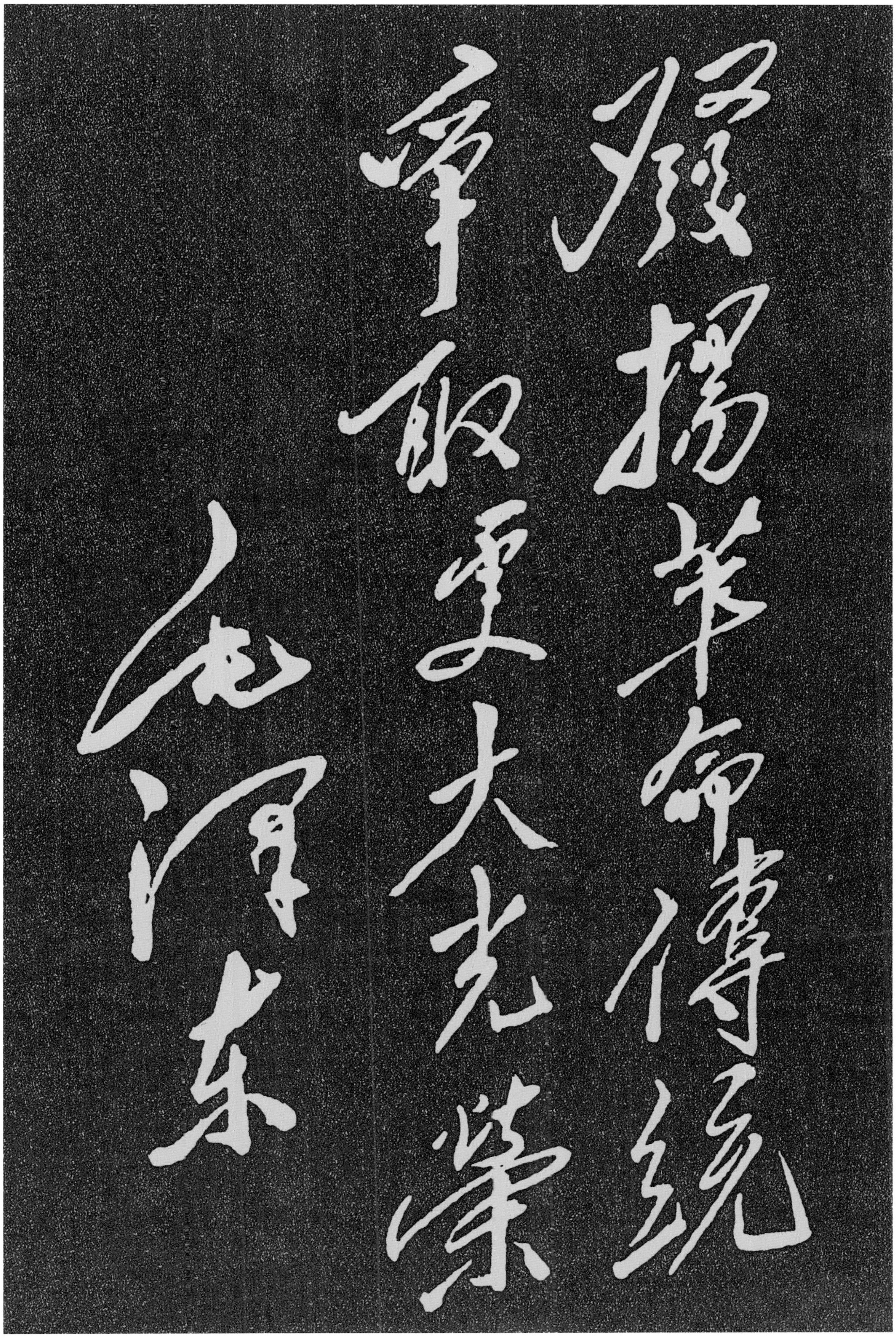
发扬革命传统
争取更大光荣
毛泽东

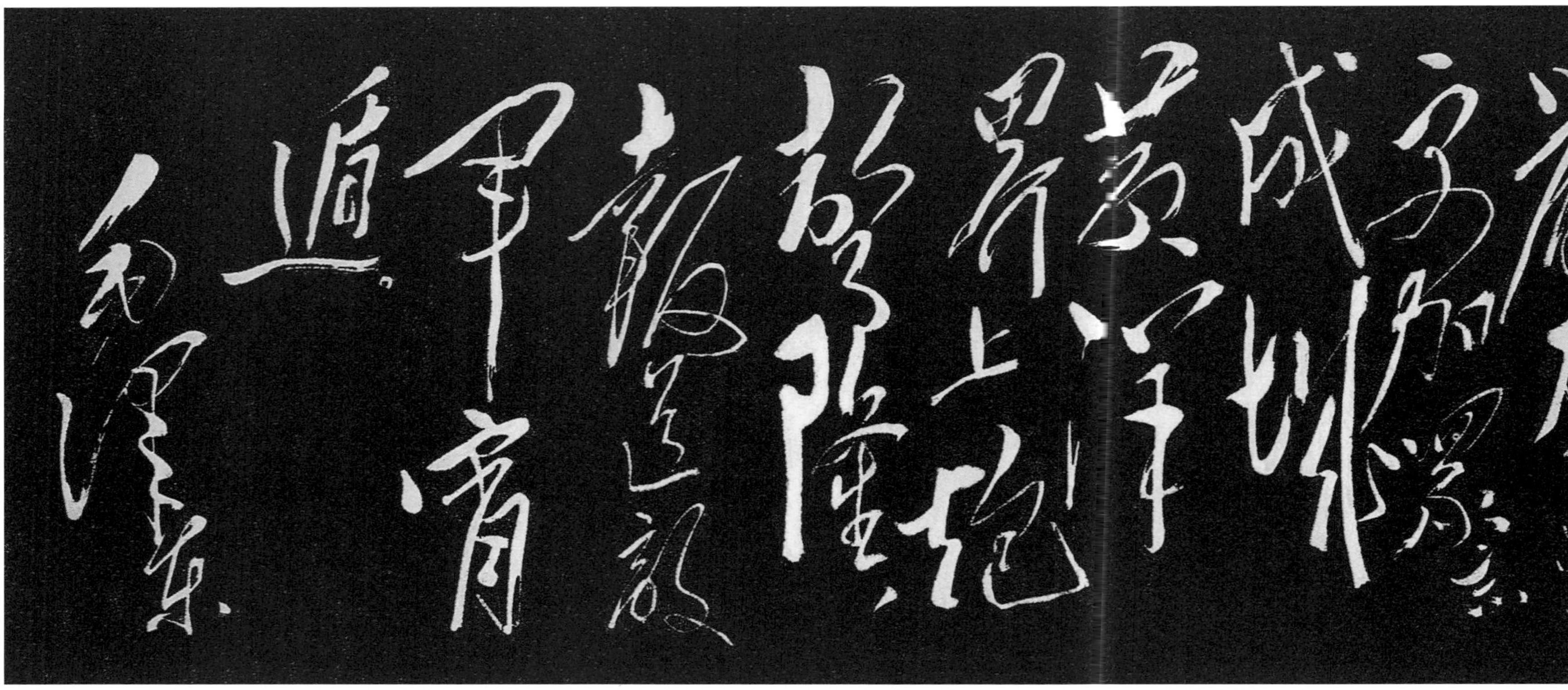

毛泽东

井冈山革命根据地的主要创始人。曾任中共中央主席、中华人民共和国主席、中央军委主席等职。

山下旌旗在望，山头鼓角相闻。敌军围困万千重，我自岿然不动。
毛泽东

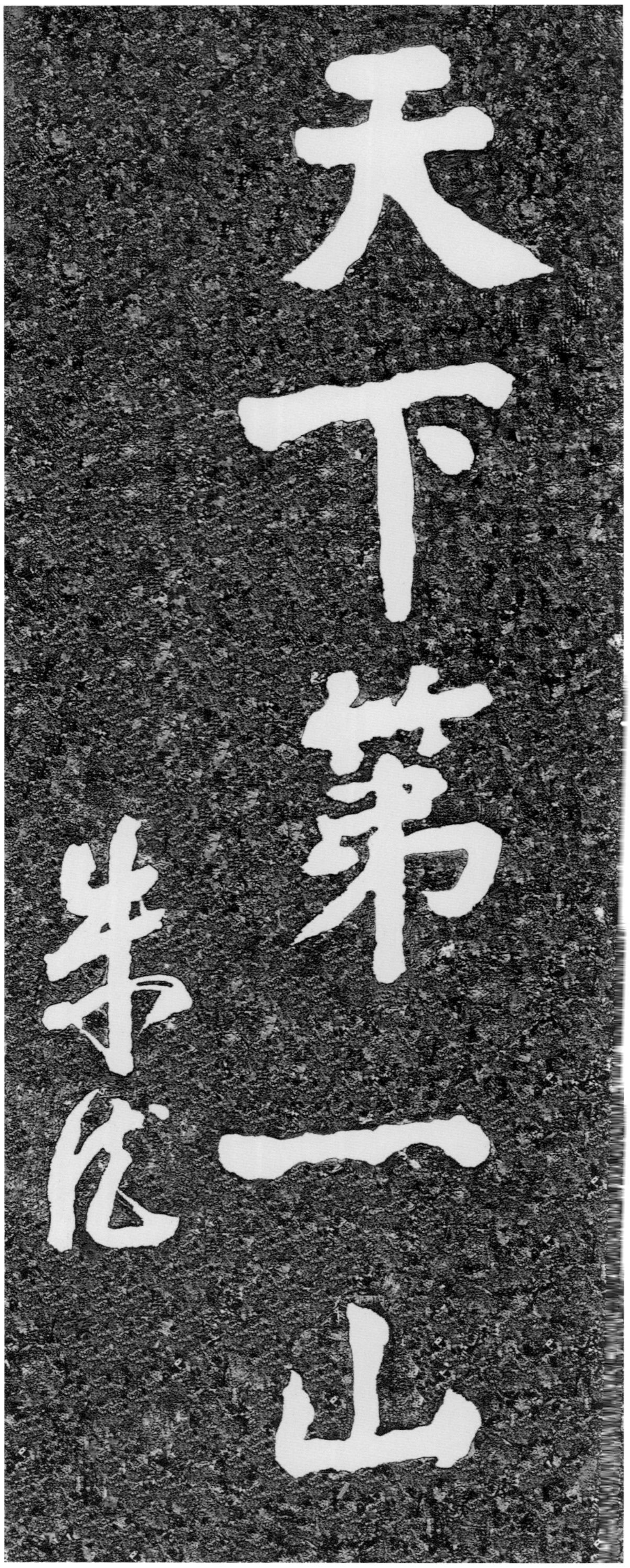

朱　德

井冈山革命根据地的主要创始人。曾任中共中央副主席、全国人大常委会委员长、中华人民共和国副主席、中国人民解放军总司令等职。

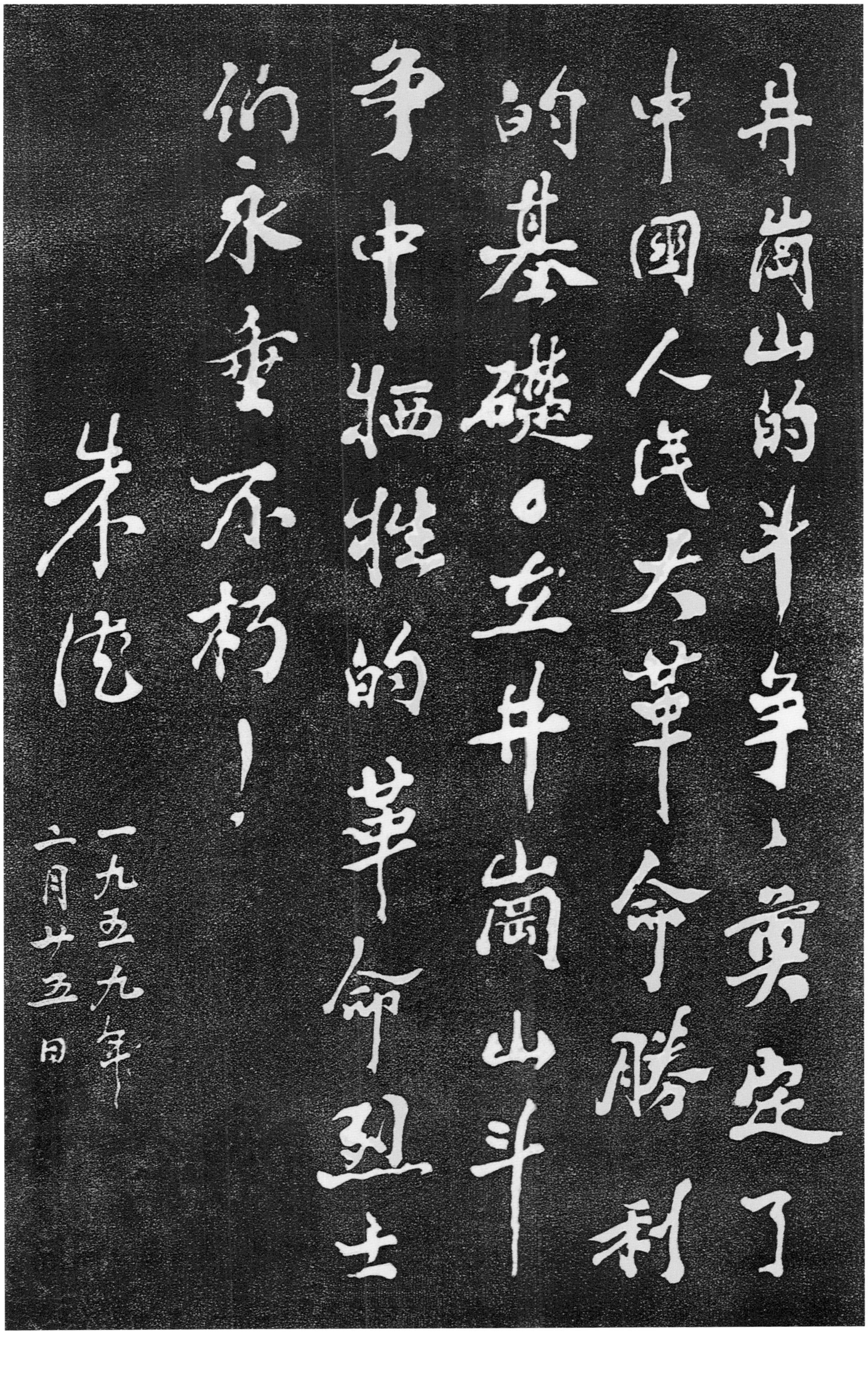
井崗山的斗爭奠定了
中國人民大革命勝利
的基礎。在井崗山斗
爭中犧牲的革命烈士
們永垂不朽！
朱德
一九五九年二月廿五日

邓小平

曾任中共中央总书记、中央军委主席、中央顾问委员会主任等职。

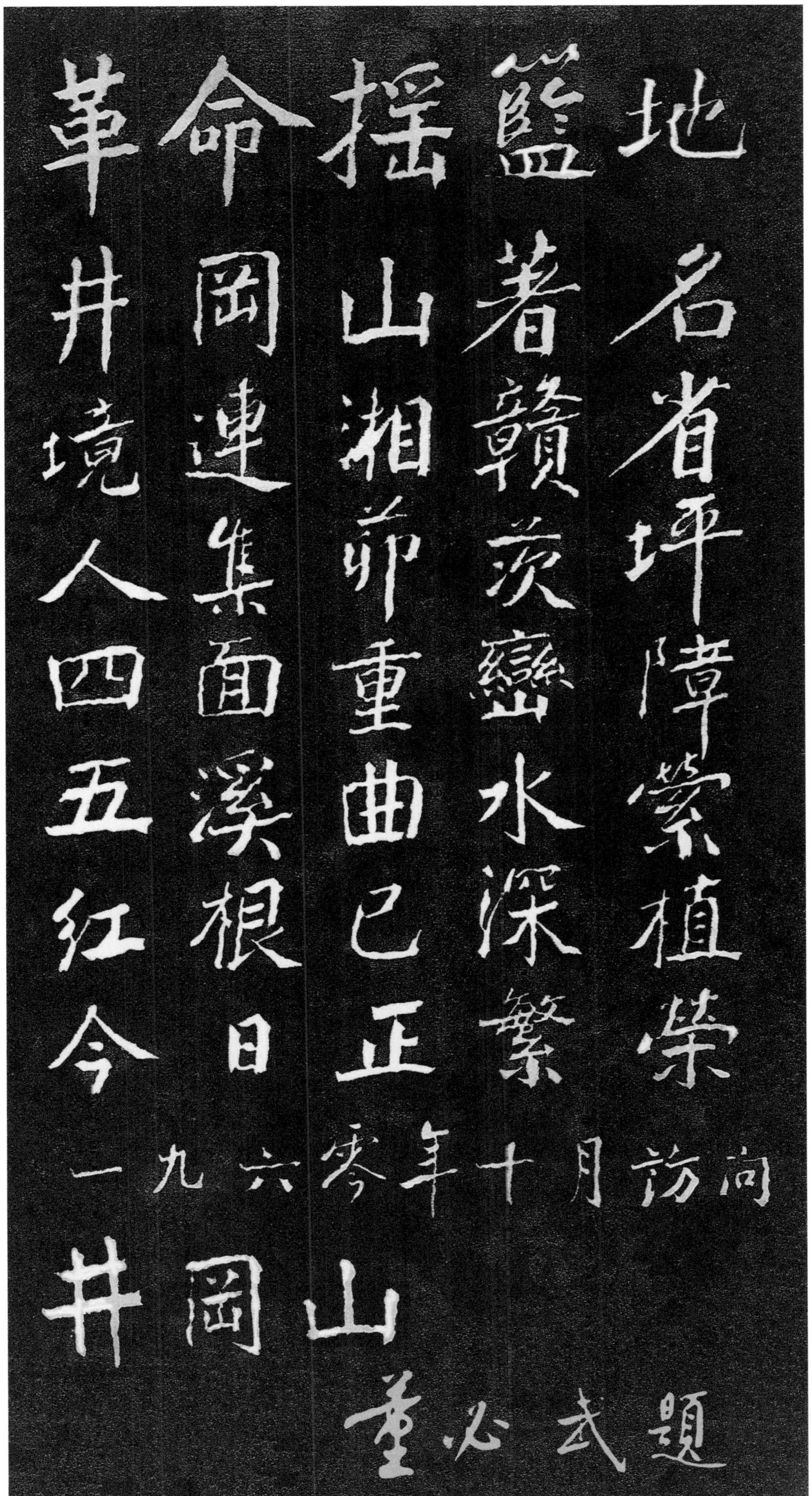

董必武

曾任中华人民共和国副主席、全国人大常委会副委员长、中共中央政治局常委等职。

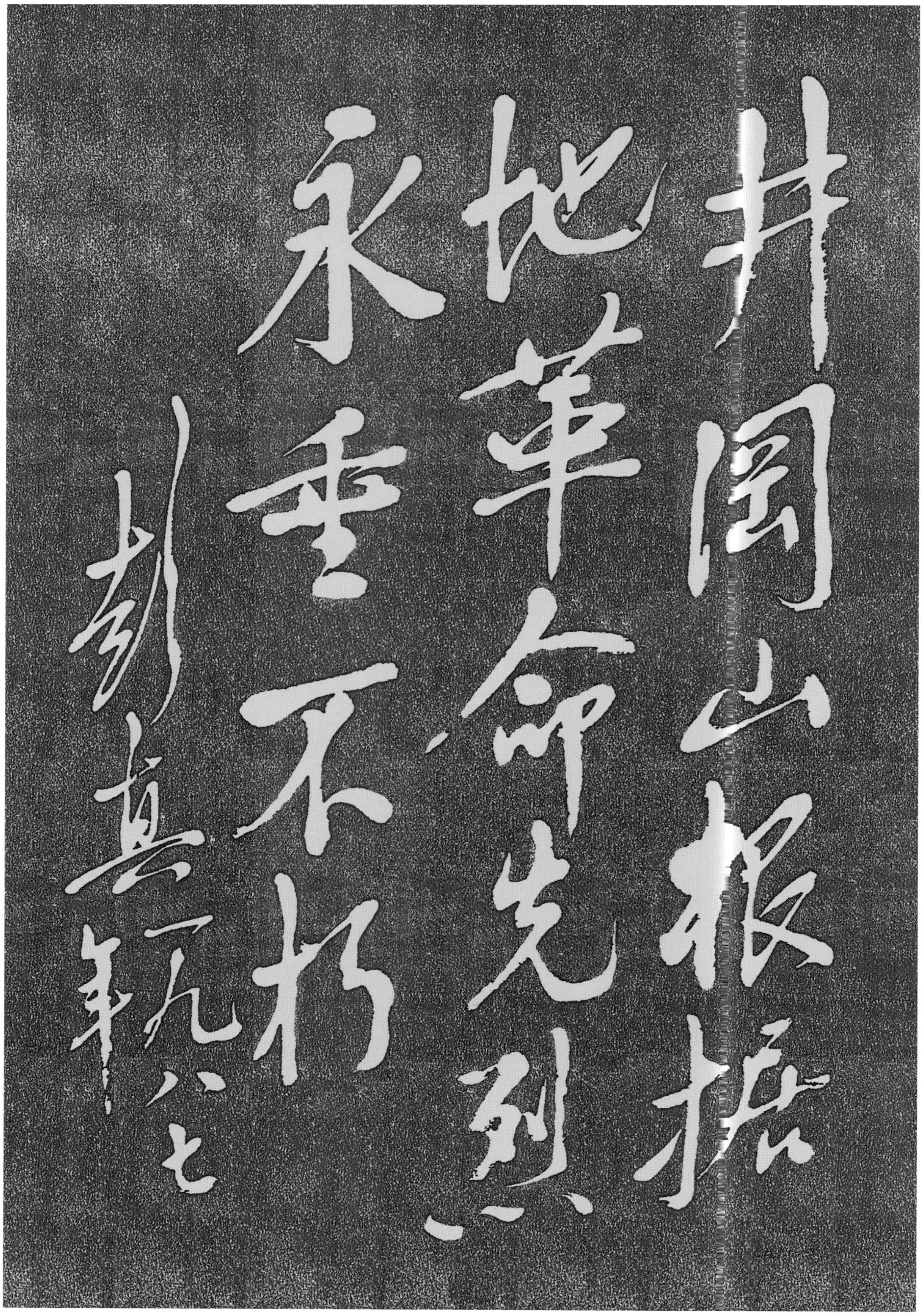

彭　真

曾任北京市市长、全国人大常委会委员长等职。

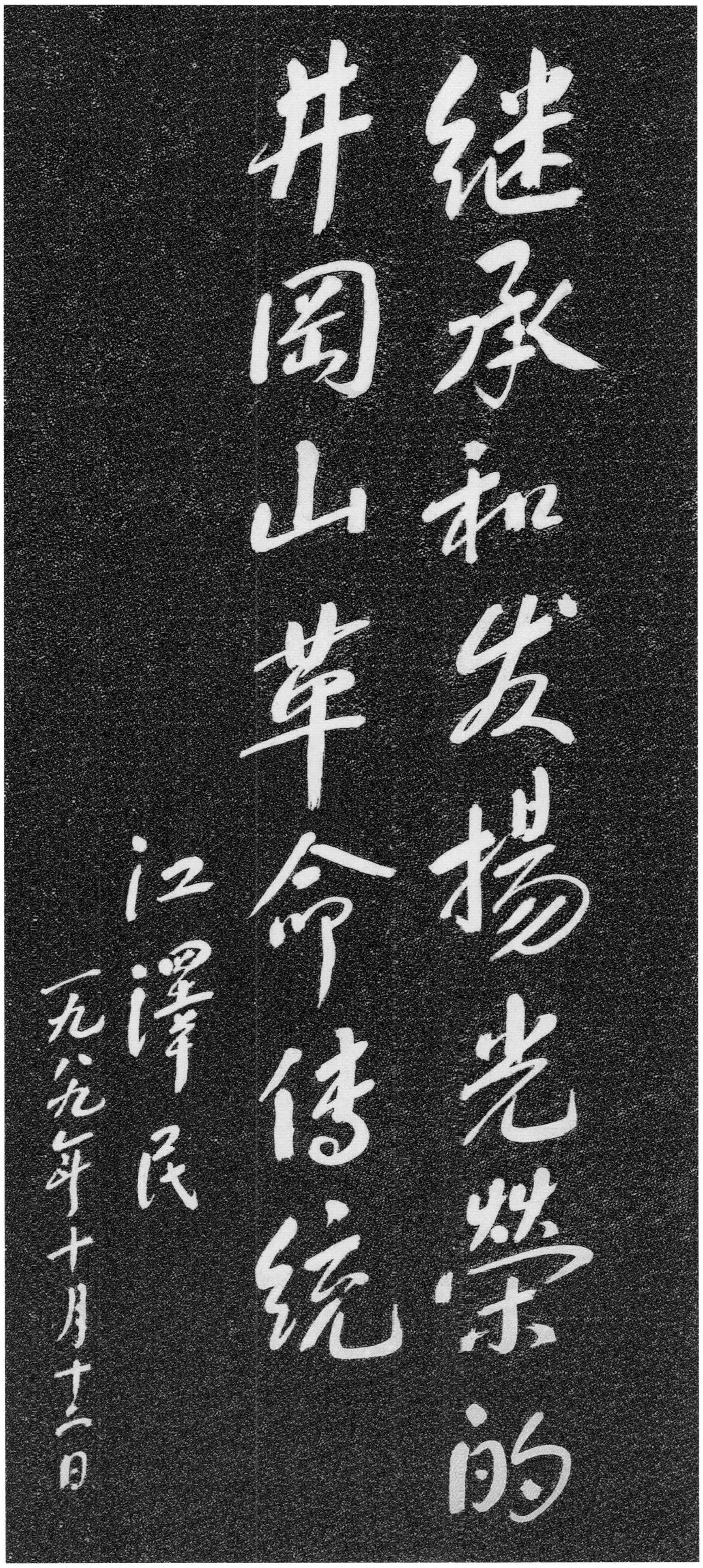

江泽民

中共中央总书记、中华人民共和国主席、中央军委主席。

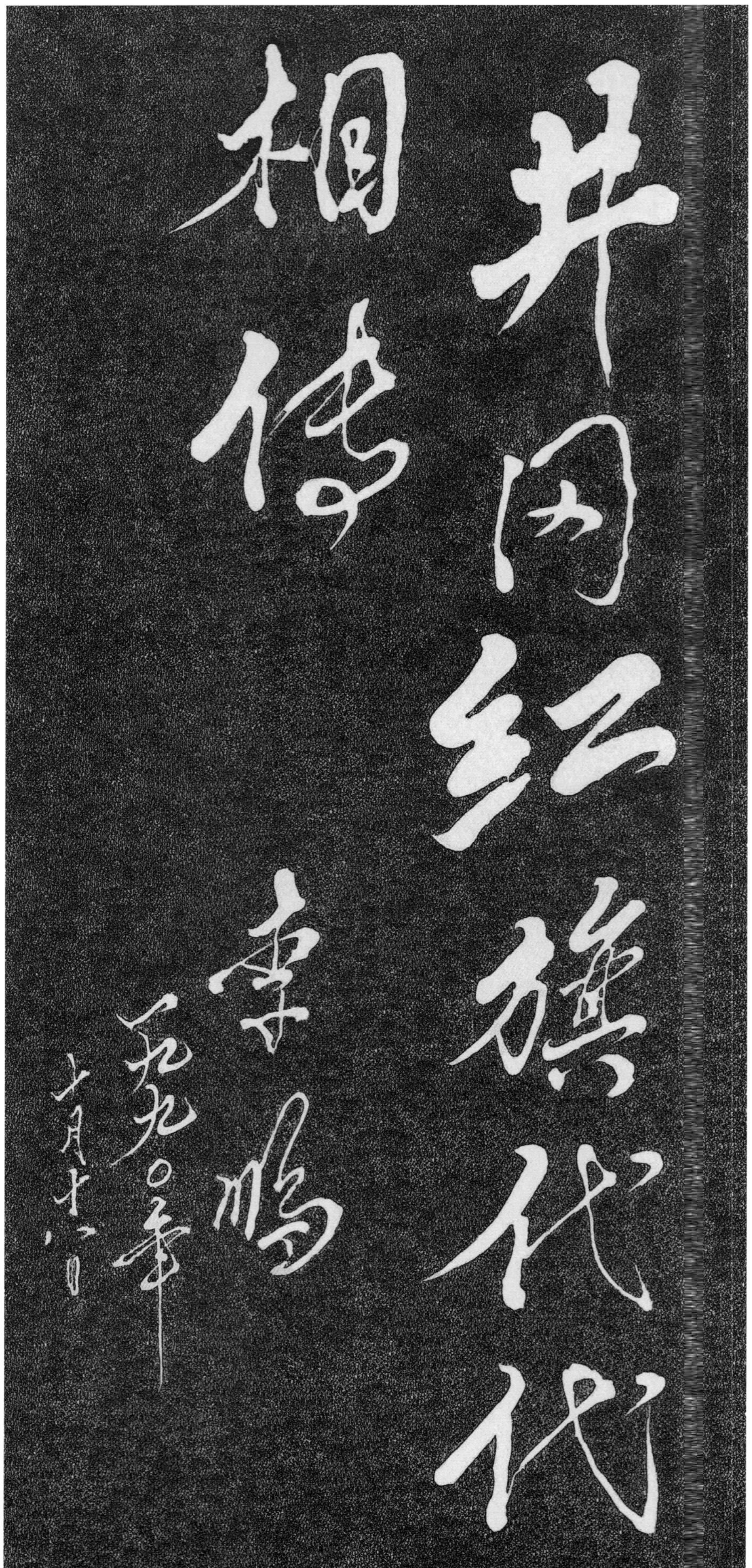

李　鹏

中华人民共和国国务院总理。

乔　石

全国人大常委会委员长。

井冈山墨迹选

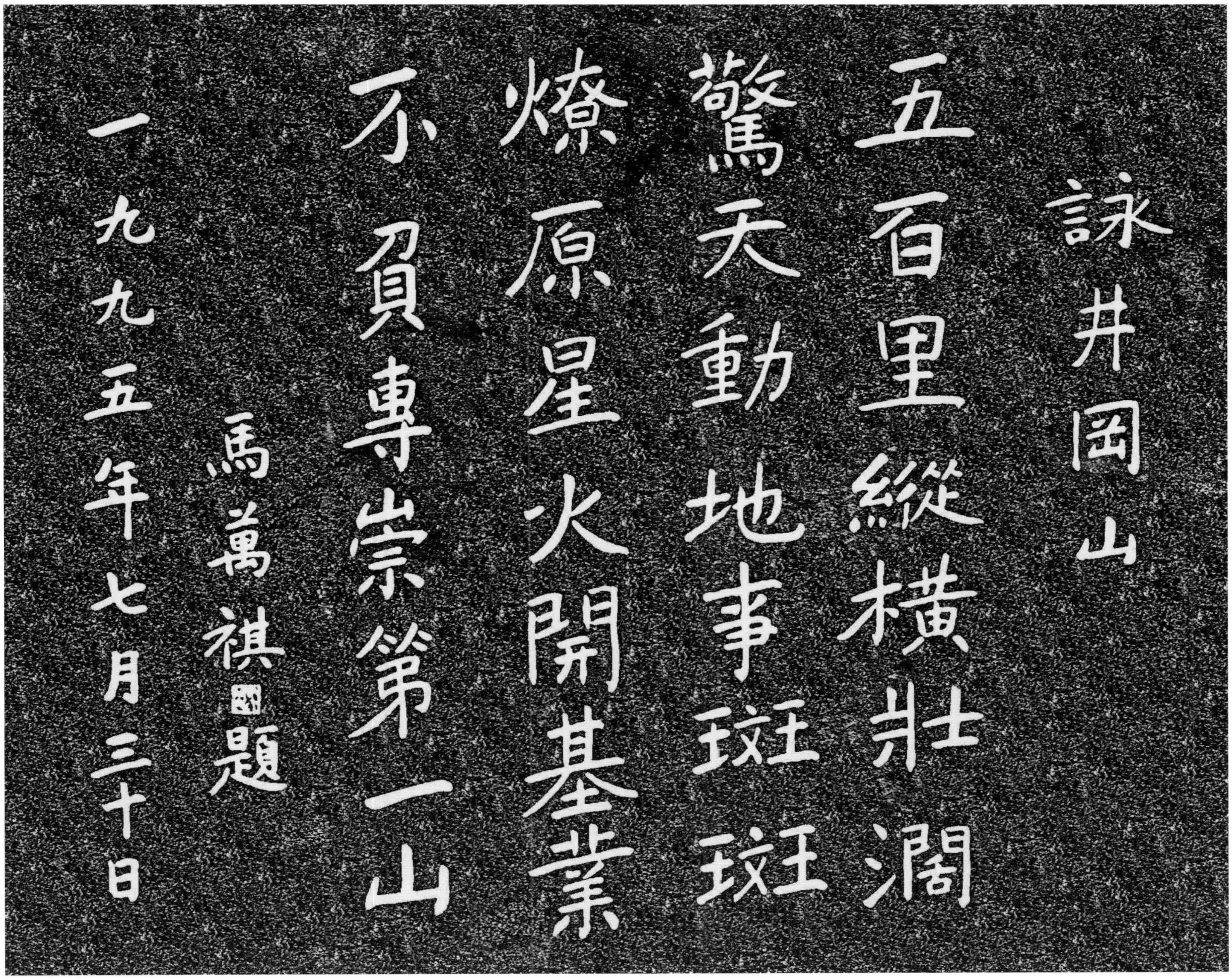

马万祺

全国政协副主席。

马 文 瑞

曾任国家劳动部部长、党组书记、国家计委副主任、全国政协副主席、中共中央委员等职。

王　谦

曾任中共山西省委书记、中央顾问委员会委员等职。

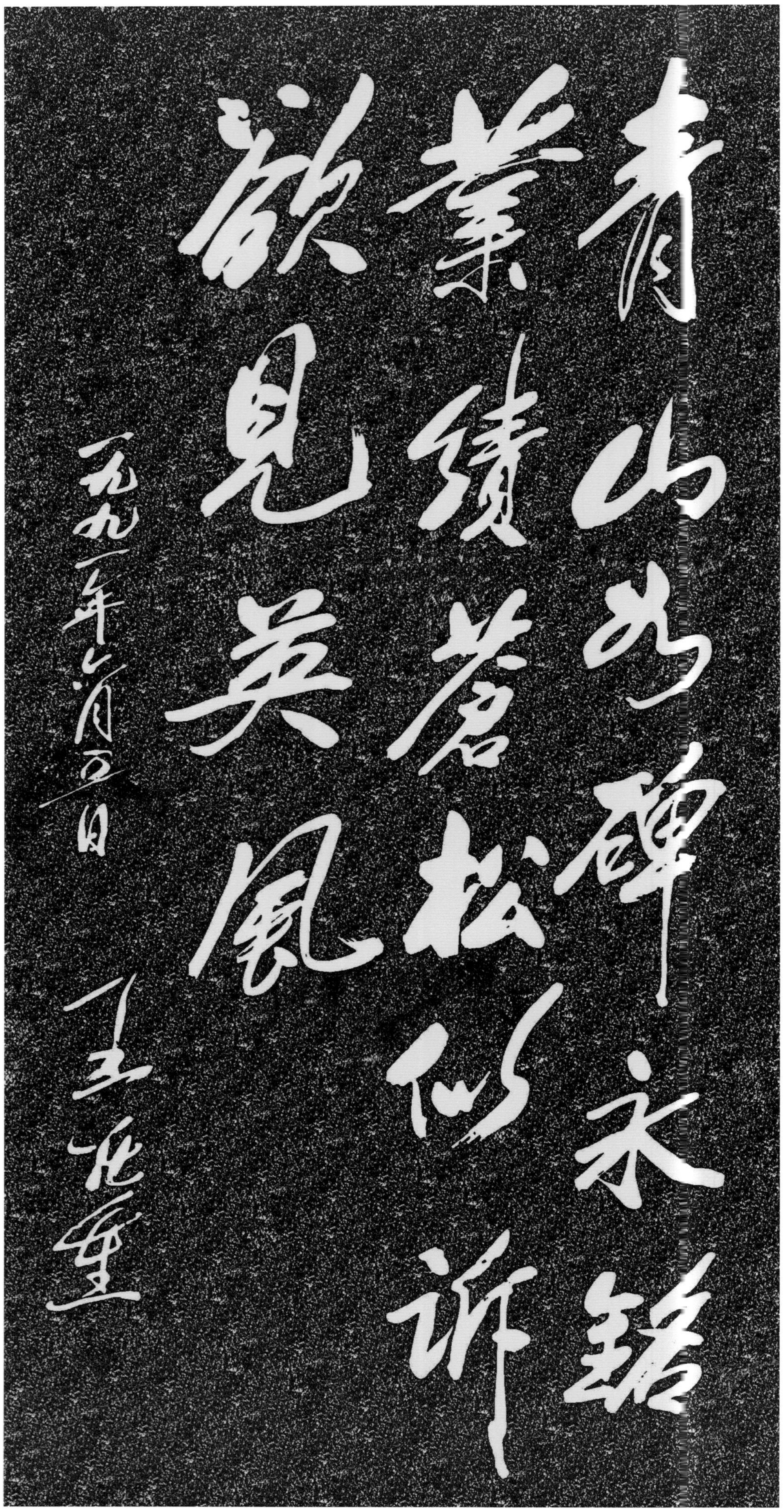

王任重

曾任国务院副总理、中共中央宣传部部长、全国人大常委会副委员长、全国政协副主席等职。

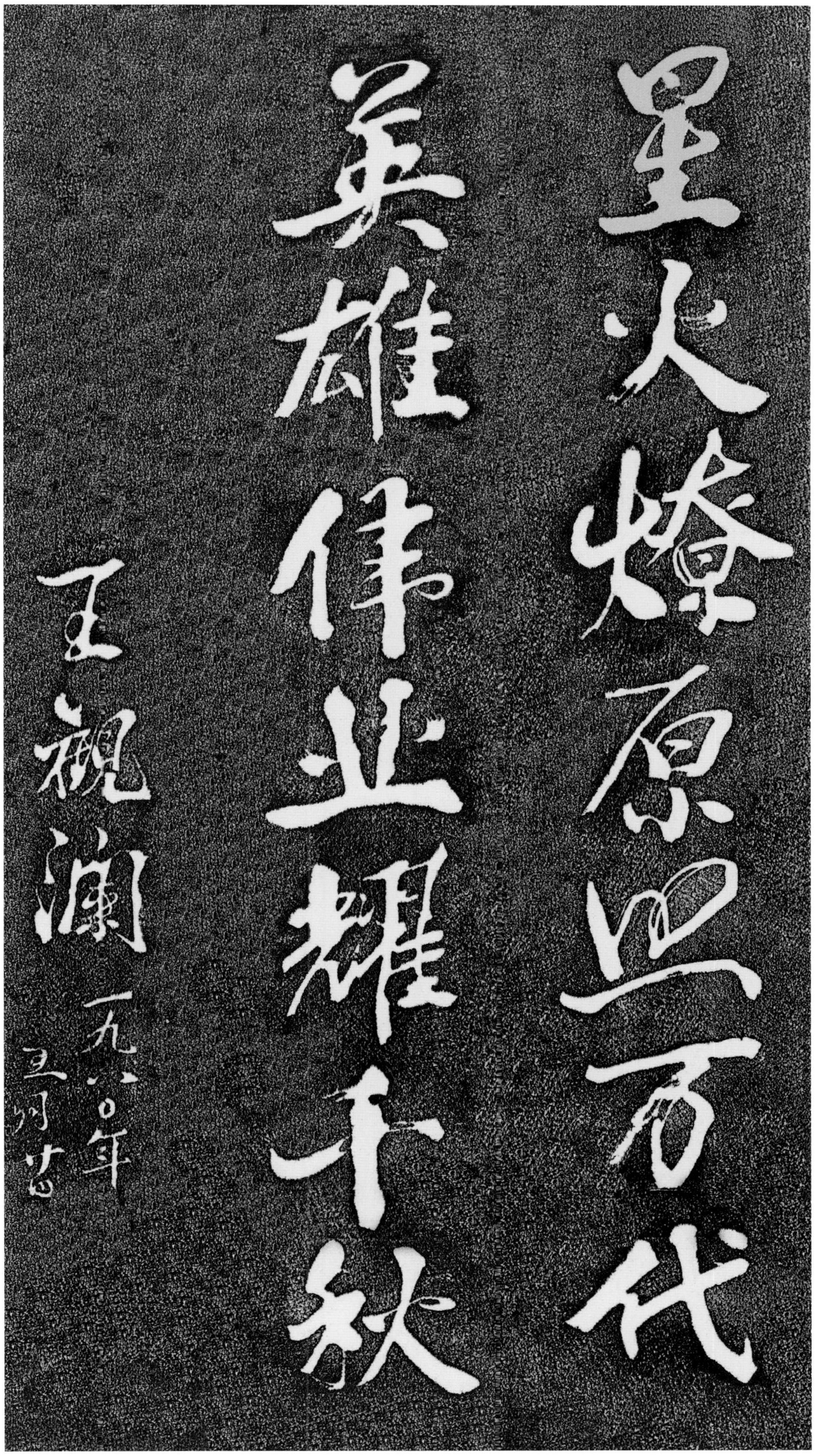

王观澜

曾任中央政策研究室副主任、农业部副部长兼党委书记、北京农业大学校长、全国人大常委会委员、全国政协委员等职。

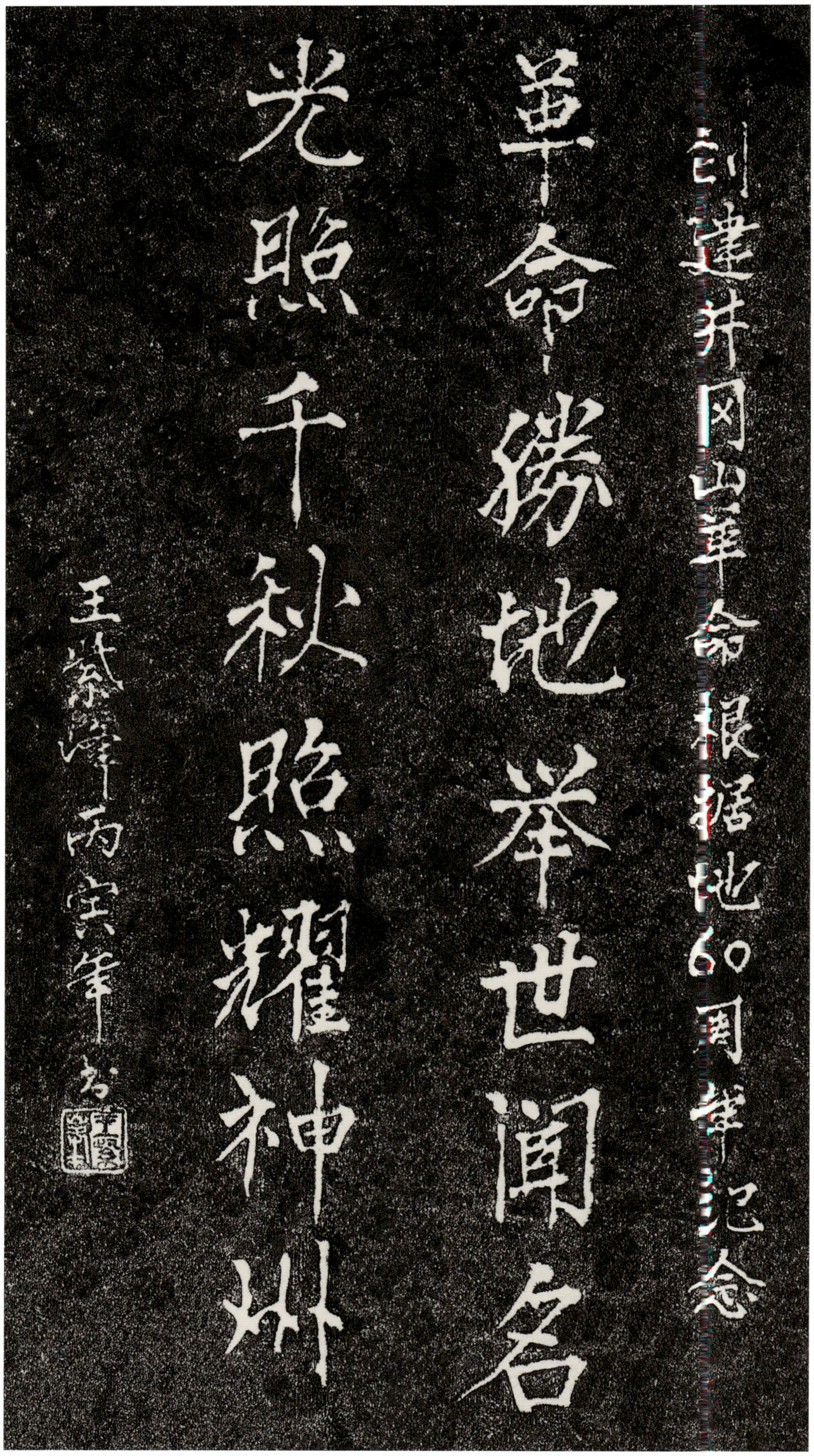

王紫峰

参加了井冈山革命根据地的创建。曾任中国人民志愿军军政委、北京军区副司令员、全国政协委员等职。

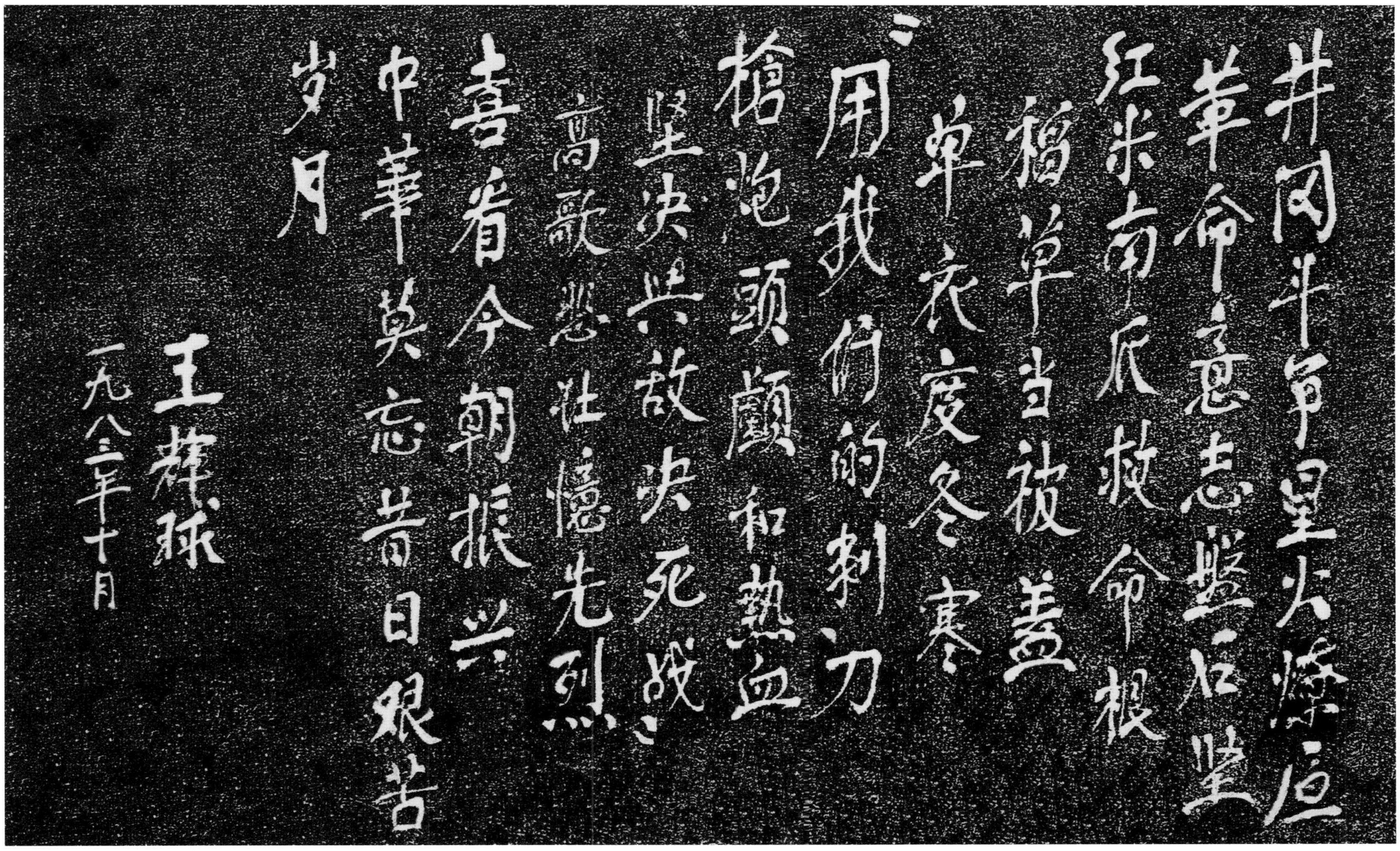

王辉球

参加了井冈山革命根据地的创建。曾任中国人民解放军空军政治部主任、政委、沈阳军区政委等职。

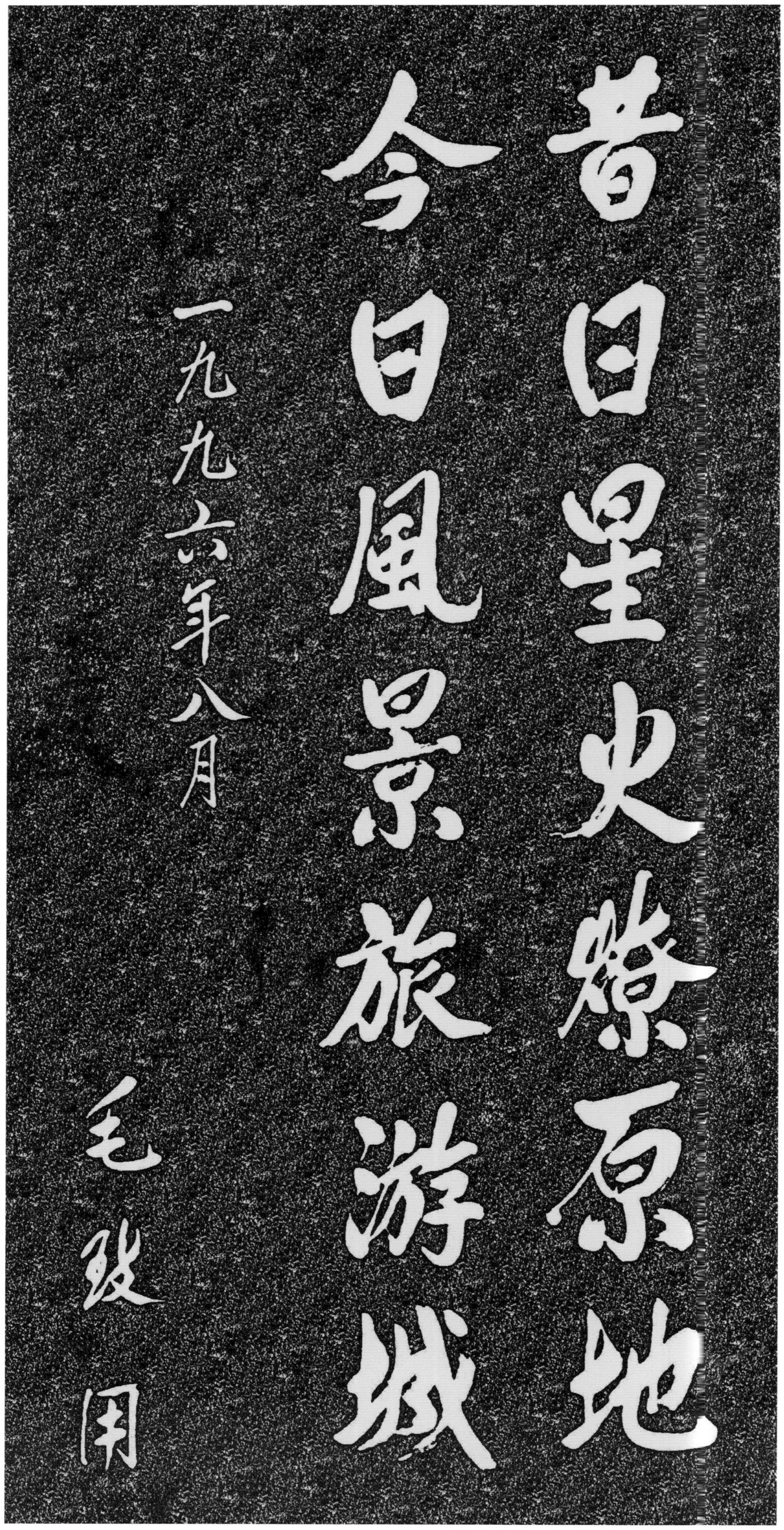

毛致用

曾任中共湖南省委书记、中共江西省委书记等职。

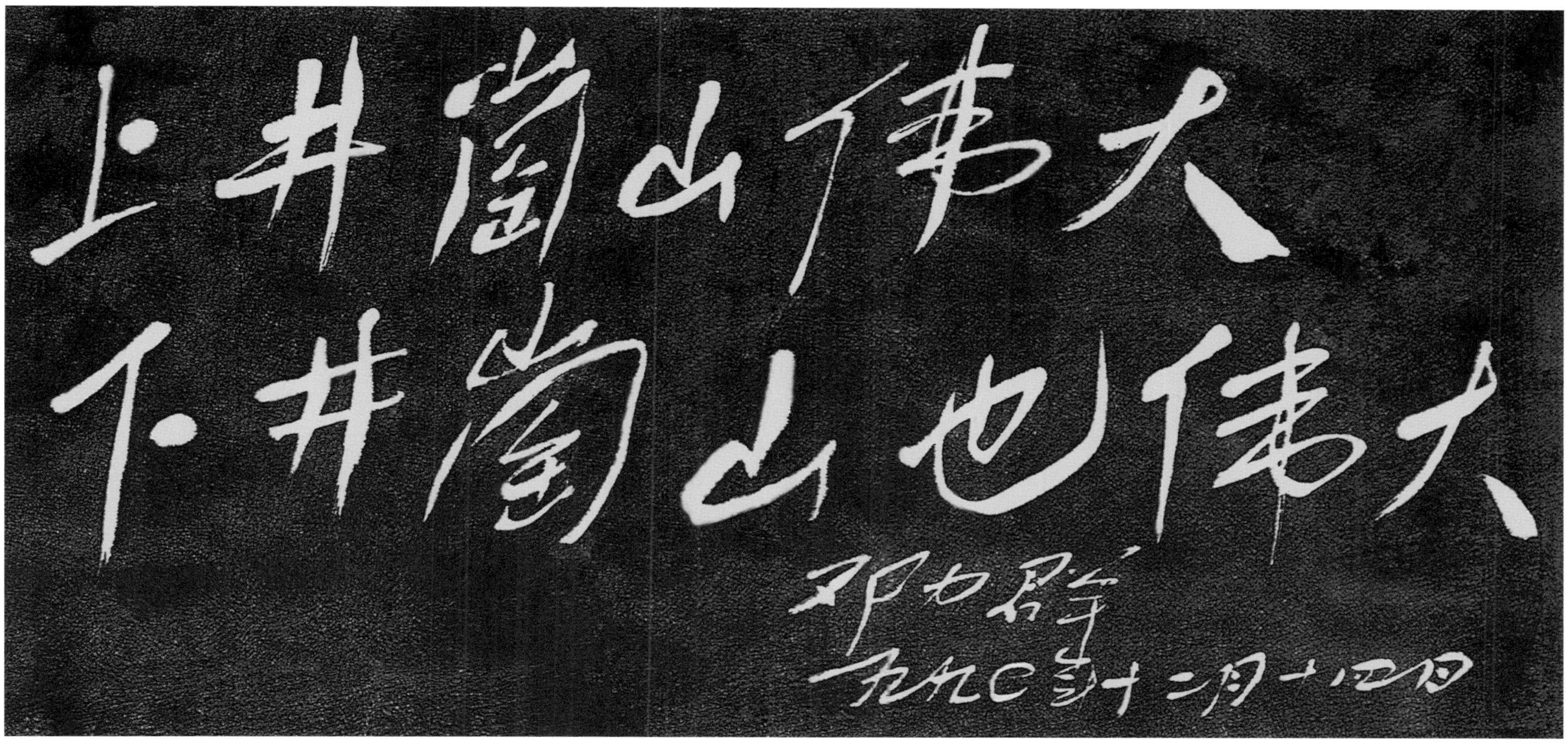

邓力群

曾任中共中央宣传部部长、中共中央书记处书记、中央顾问委员会委员等职。

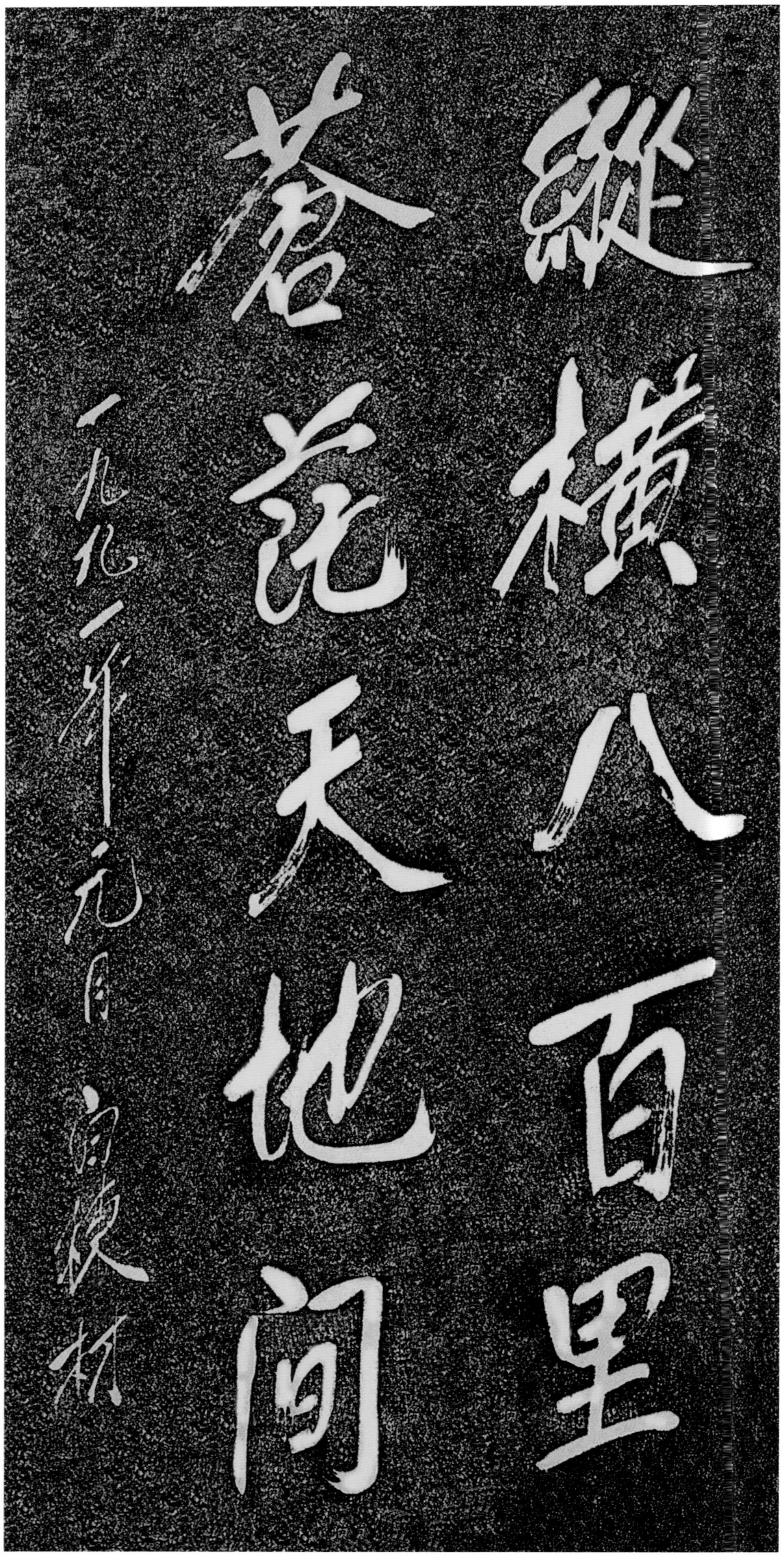

白栋材

曾任中共江西省委书记。

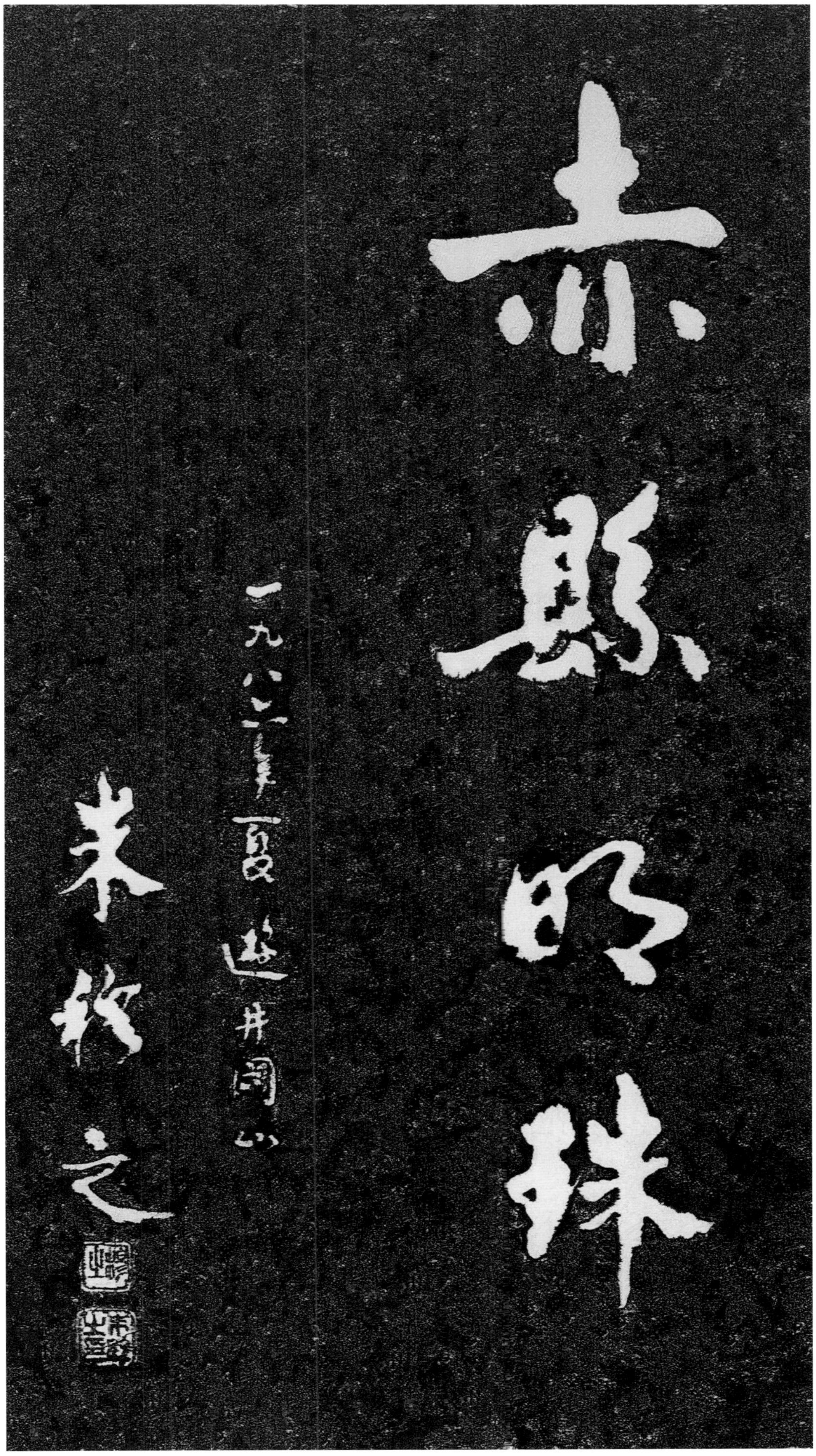

朱穆之

曾任新华通讯社社长、中共中央宣传部副部长、文化部部长、中共中央委员、中央顾问委员会委员等职。

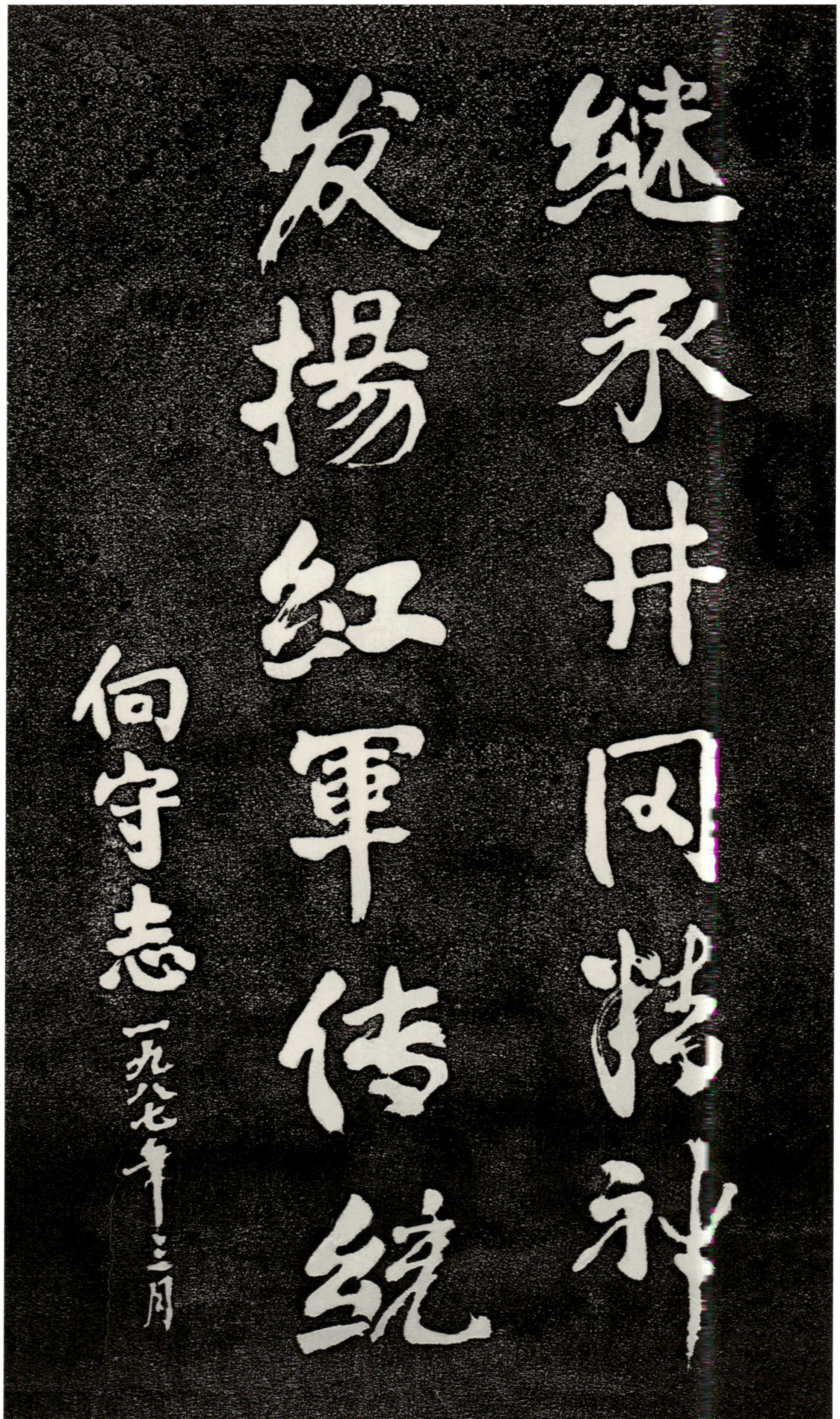

向守志

曾任中国人民解放军第二炮兵司令员、南京军区司令员、中共中央委员、中央顾问委员会委员等职。

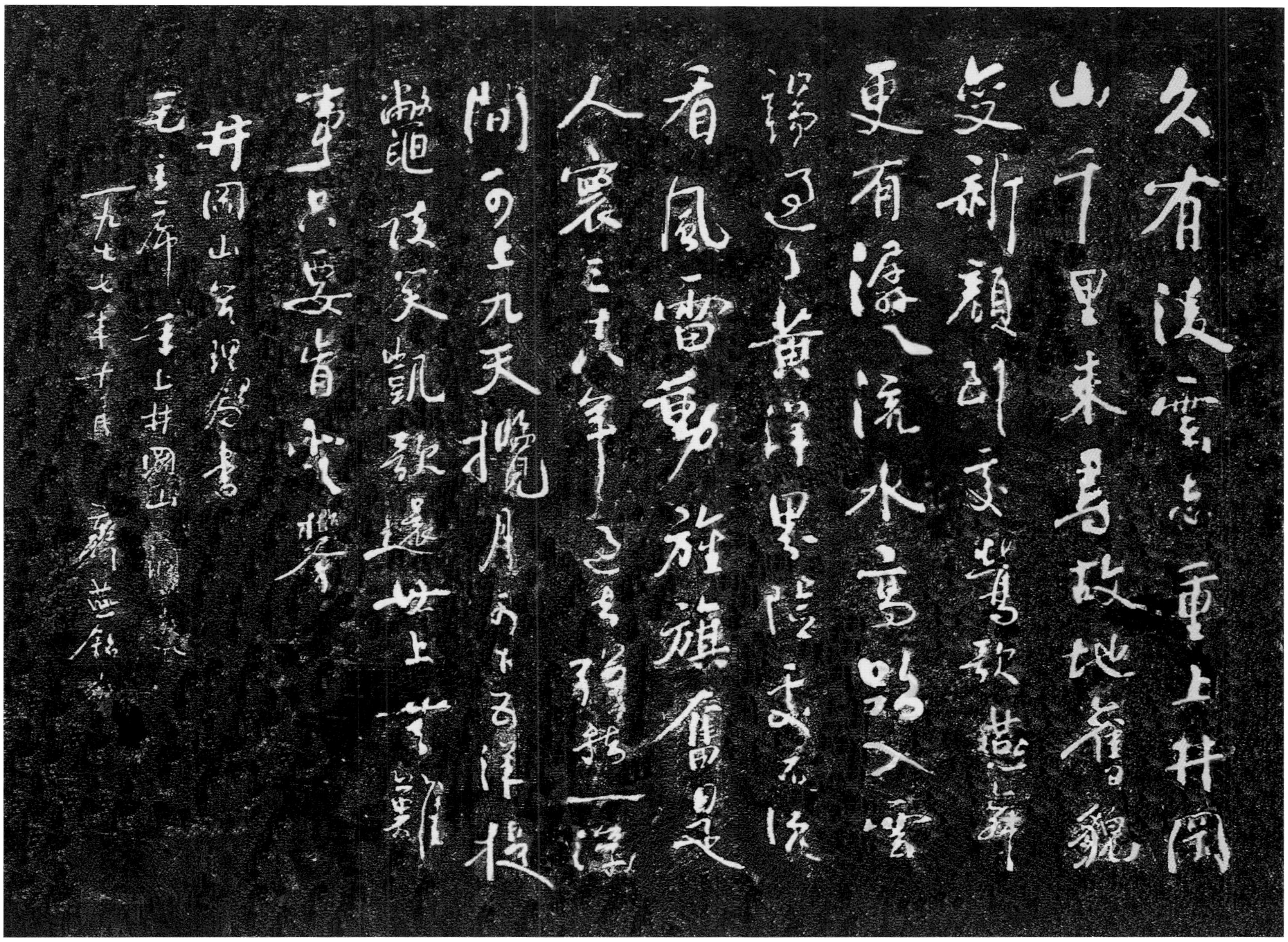

齐燕铭

曾任中共中央统战部副部长、文化部副部长、国务院办公厅秘书长等职。

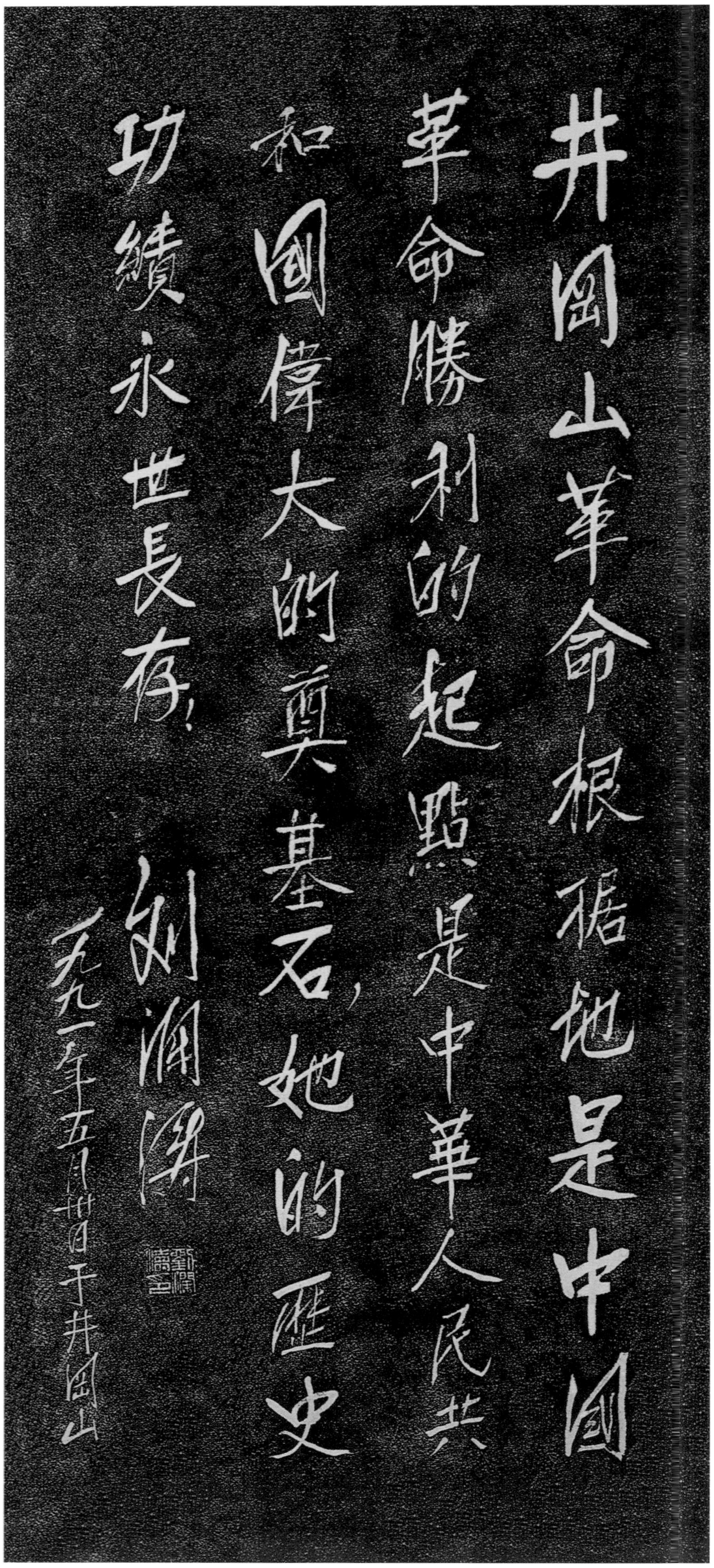

刘澜涛

曾任中共中央华北局副书记、中共中央统战部第一副部长、中共中央书记处候补书记、全国政协副主席、中央顾问委员会常委等职。

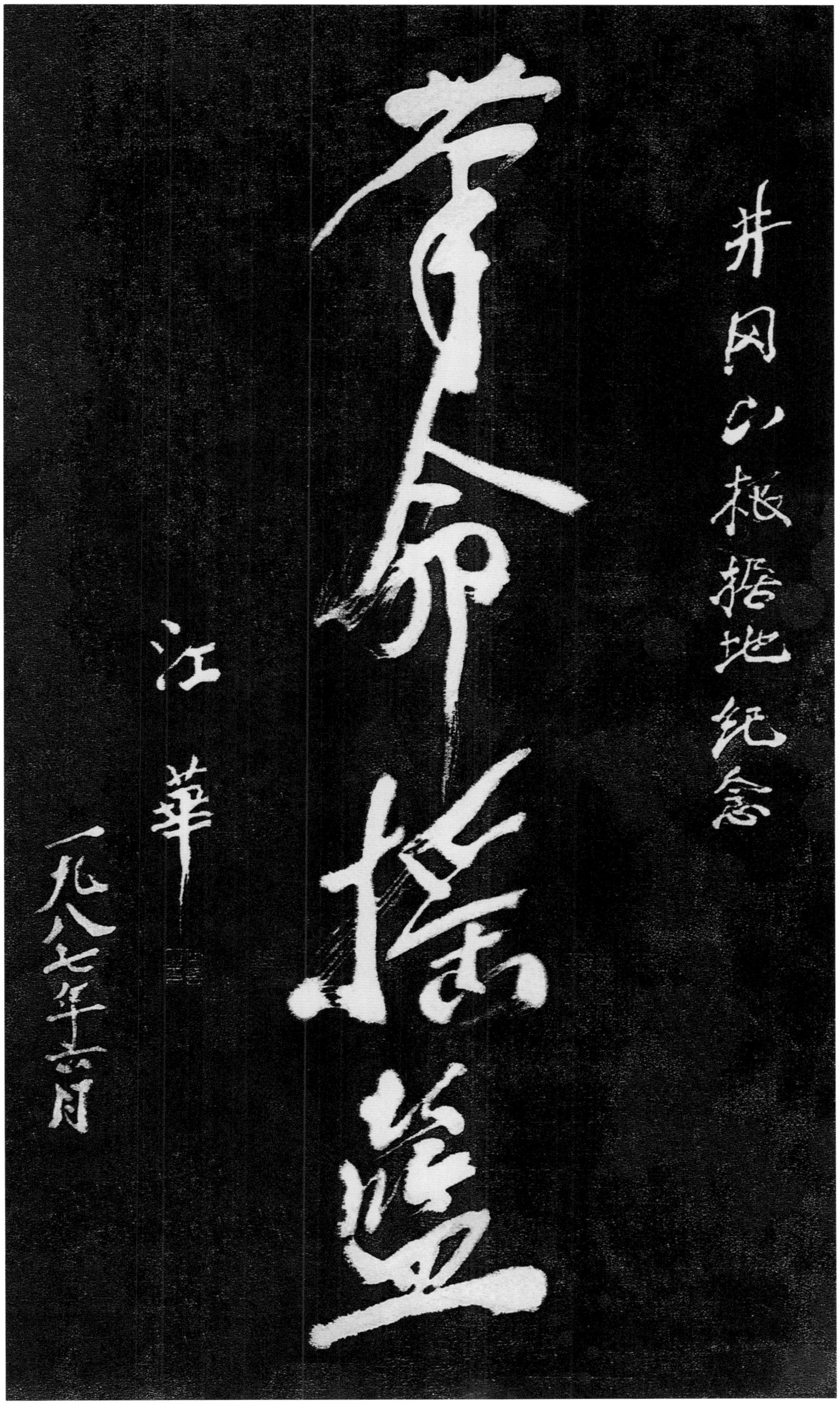

江　华

参加了井冈山革命根据地的创建。曾任最高人民法院院长、中共中央委员、中央顾问委员会常委等职。

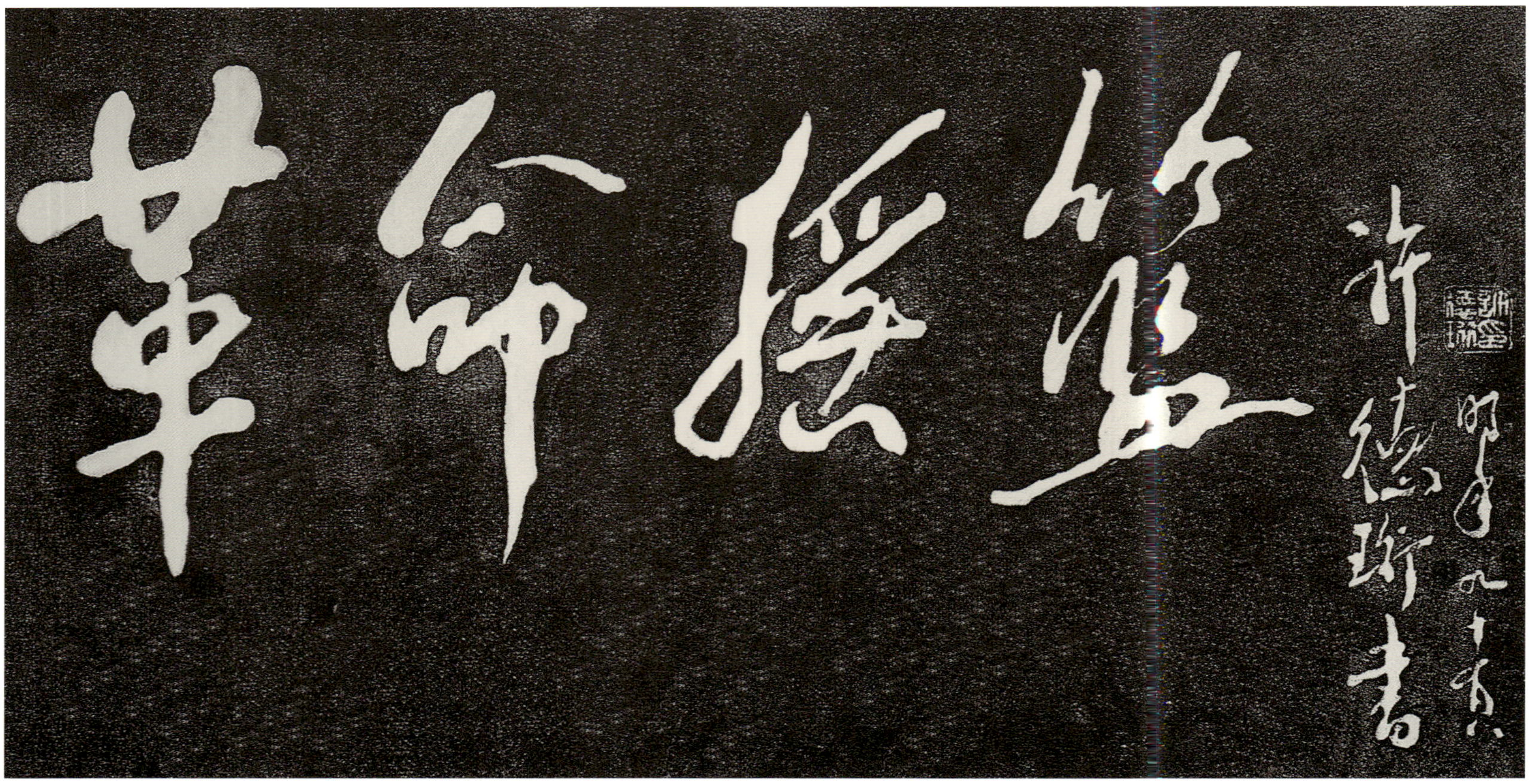

许 德 珩

九三学社创始人之一。曾任九三学社中央主席、全国政协副主席、全国人大常委会副委员长等职。

杜　平

曾任沈阳军区副政委、南京军区政委、中共中央委员、中央顾问委员会委员等职。

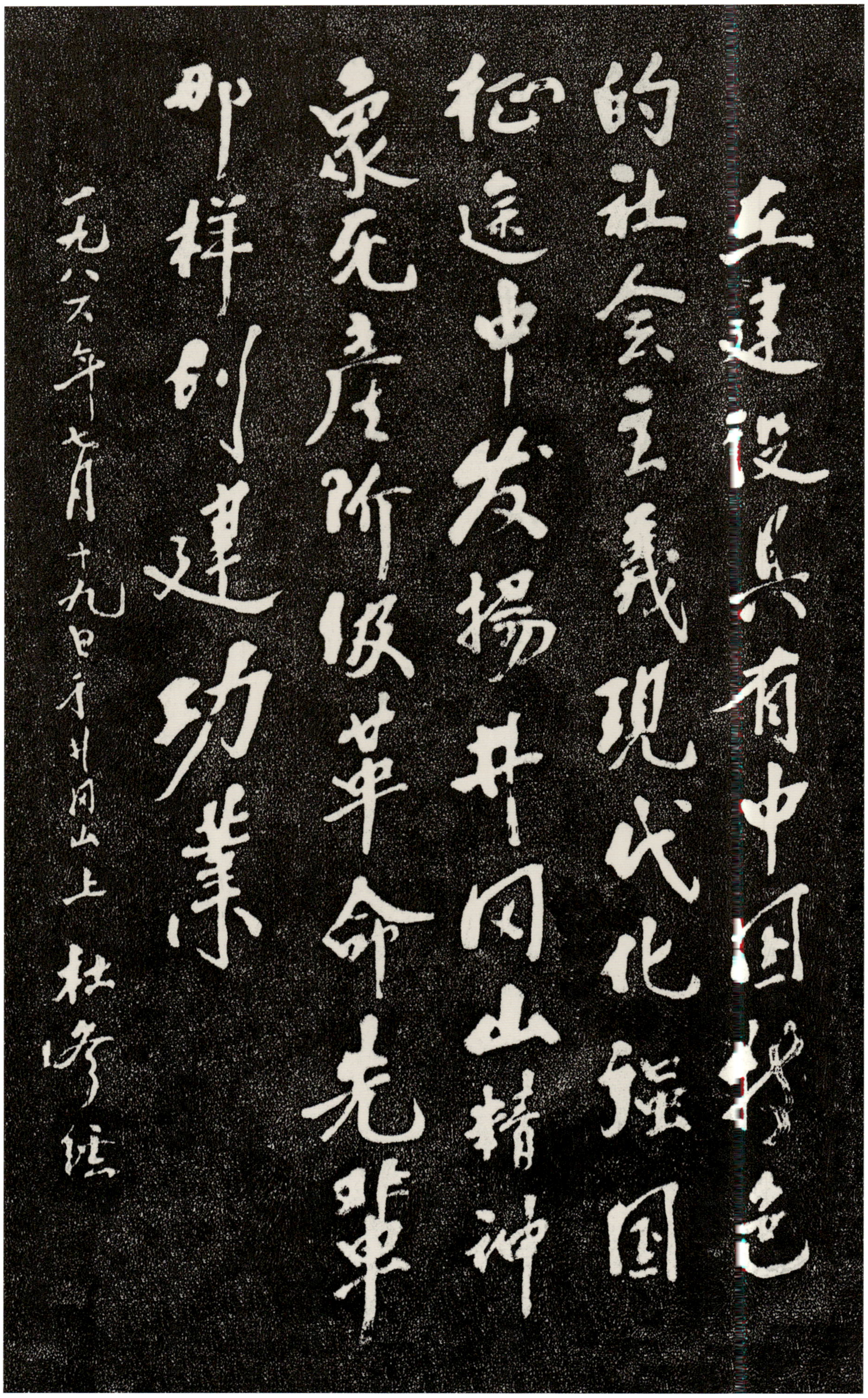

杜修经

井冈山革命斗争时期湖南省委代表。曾任湖南常德师专副校长。

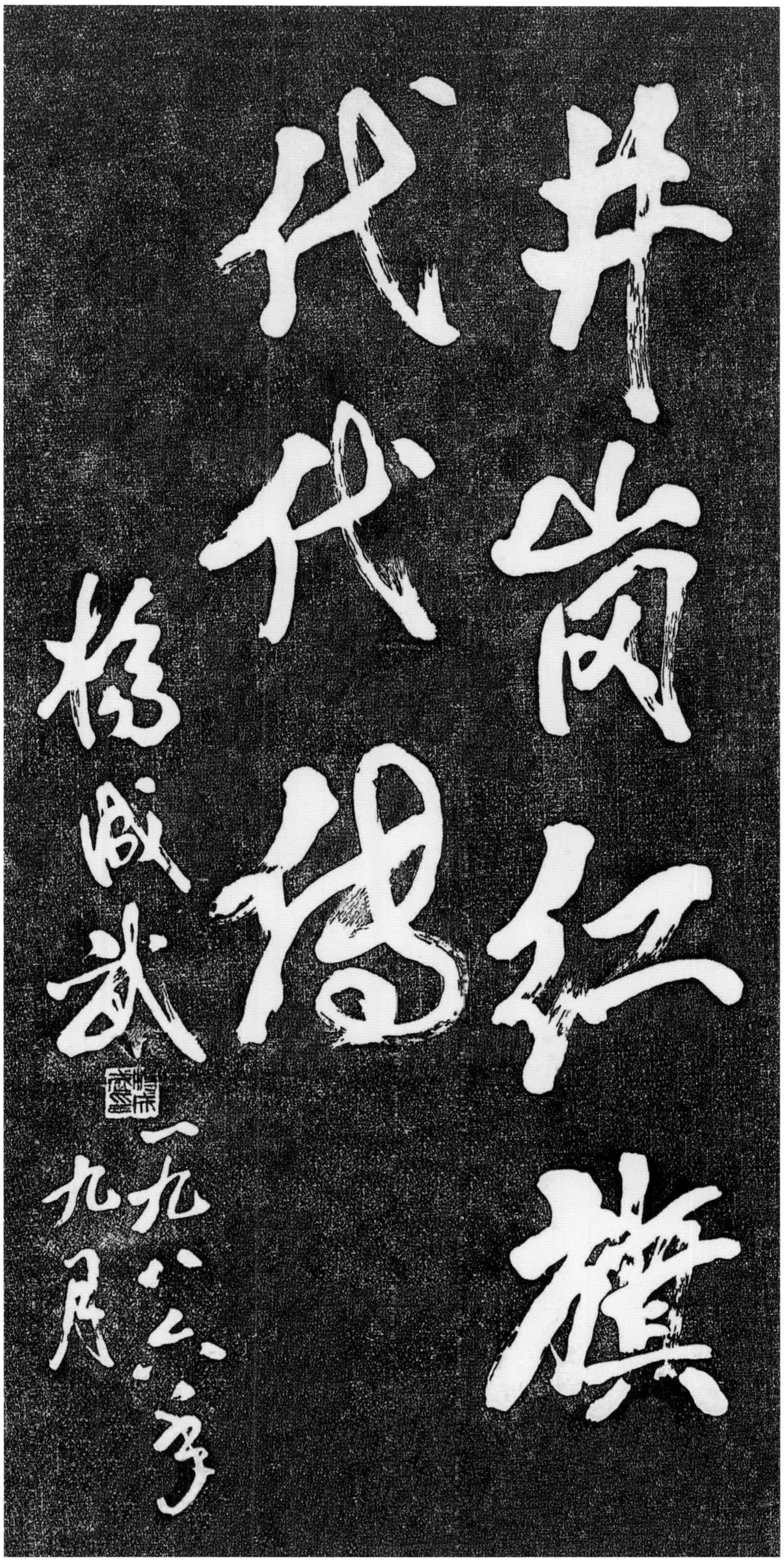

杨成武

曾任中国人民解放军副总参谋长、代总参谋长、中央军委副秘书长、中共中央委员、全国政协副主席等职。

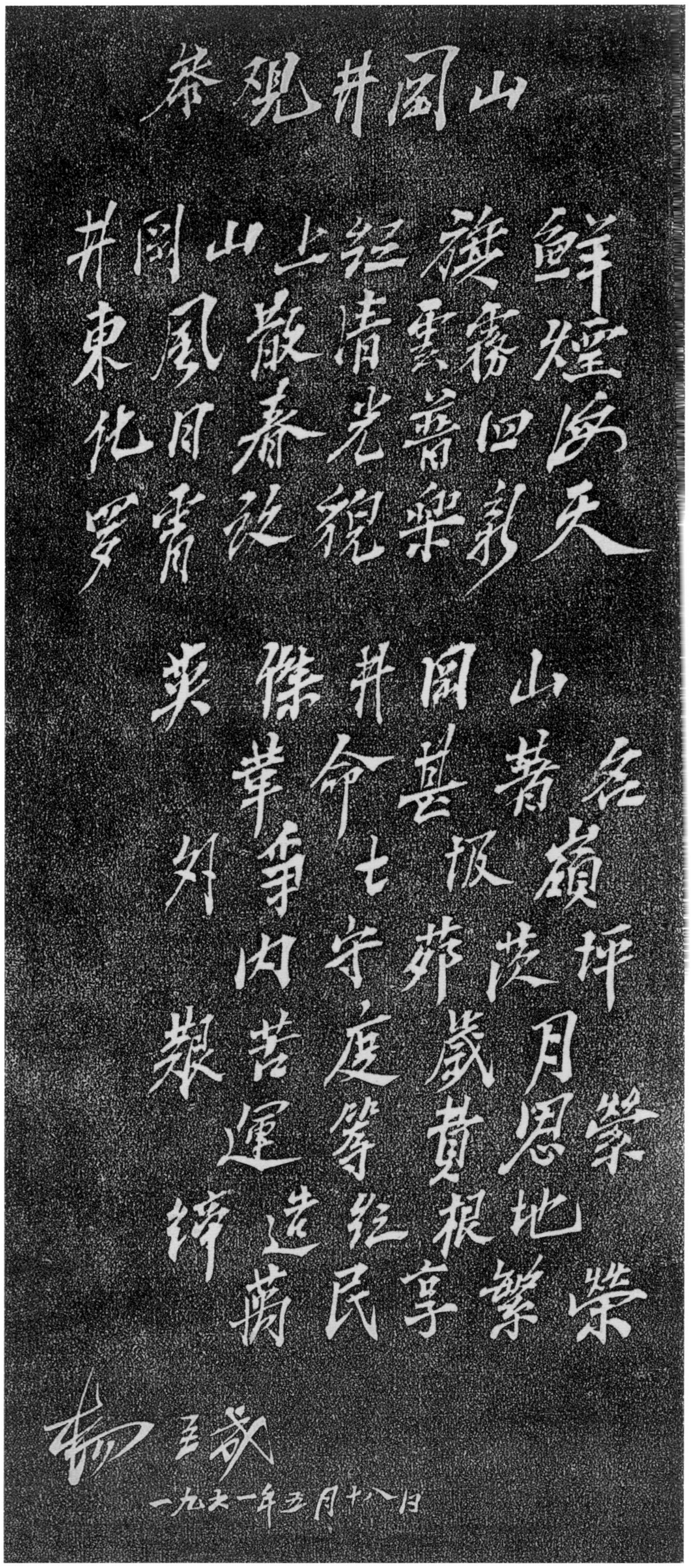

杨至成

参加了井冈山革命根据地的创建。曾任中国人民解放军武装力量监察部副部长、国防委员会委员、高等军事学院副院长、全国人大常委会委员等职。

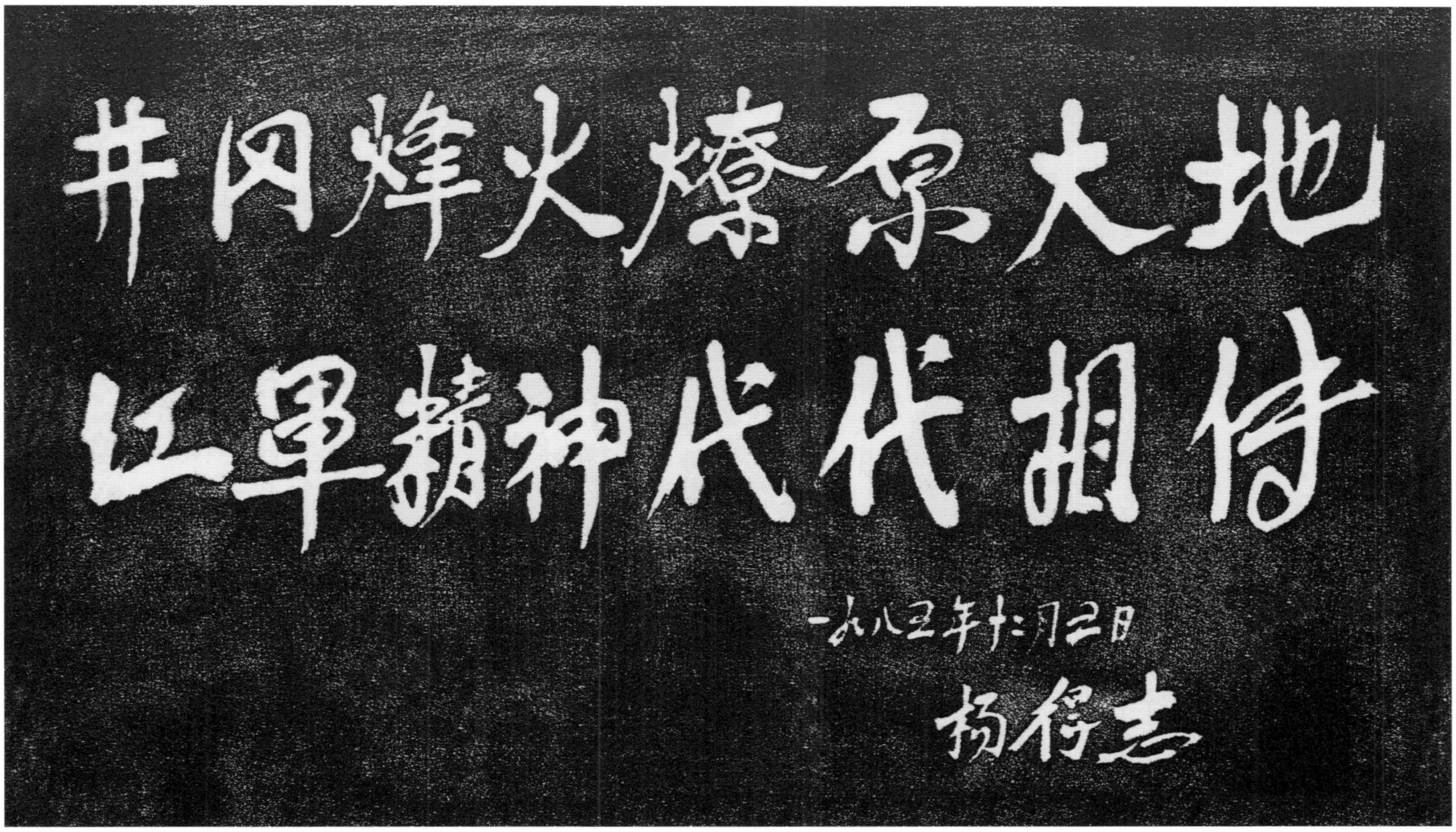

杨得志

参加了井冈山革命根据地的创建。曾任国防部副部长、中国人民解放军总参谋长、中共中央委员、中共中央政治局委员、中央顾问委员会常委等职。

李　真

曾任中国人民解放军防化兵部队政委、
工程兵政委、总后勤部副政委等职。

李文清

曾任成都军区副司令员、全国政协委员、全国人大常委会委员等职。

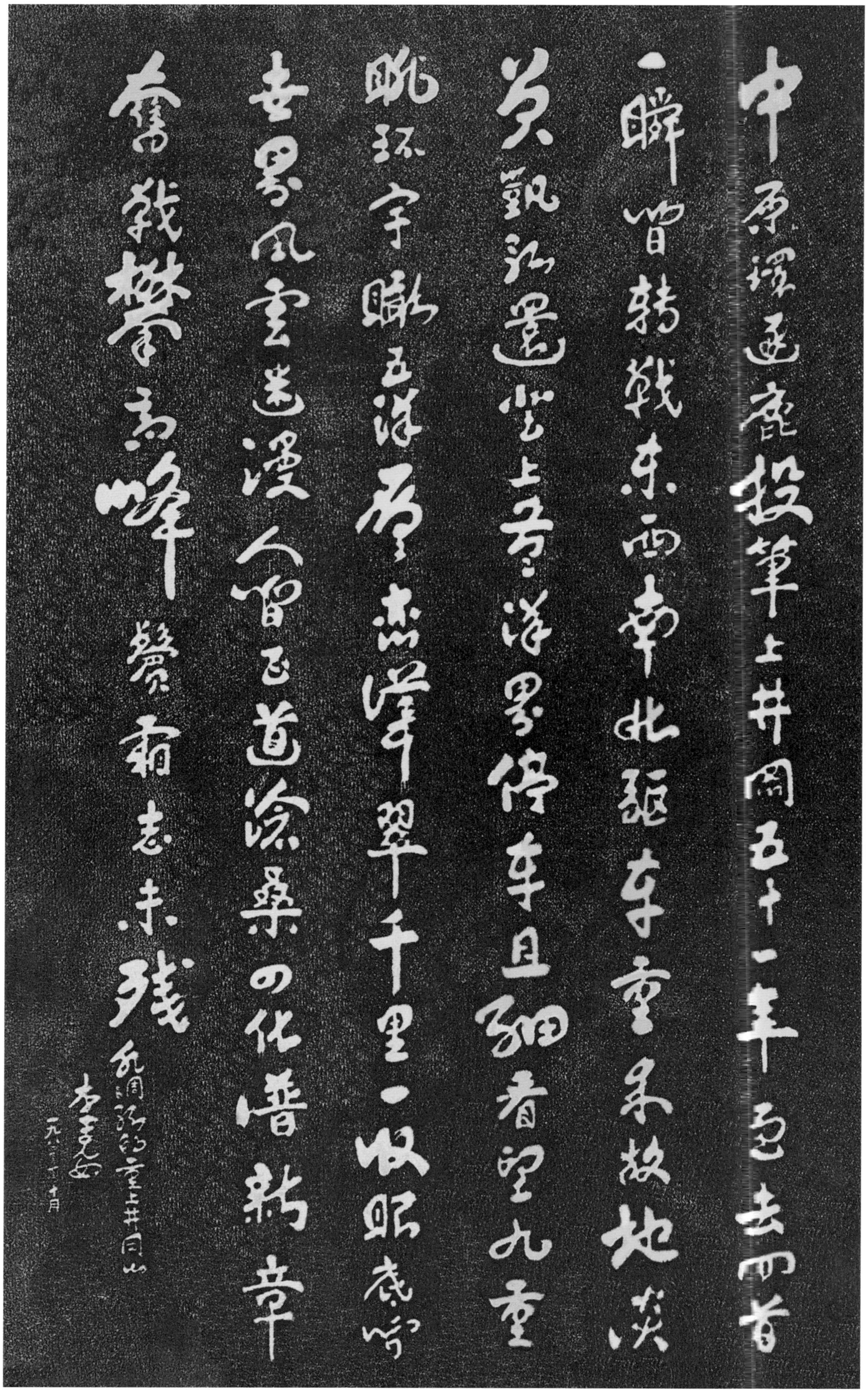

李克如

参加了井冈山革命根据地的创建。曾任海军航空兵政委兼政治部主任、甘肃省人大常委会副主任等职。

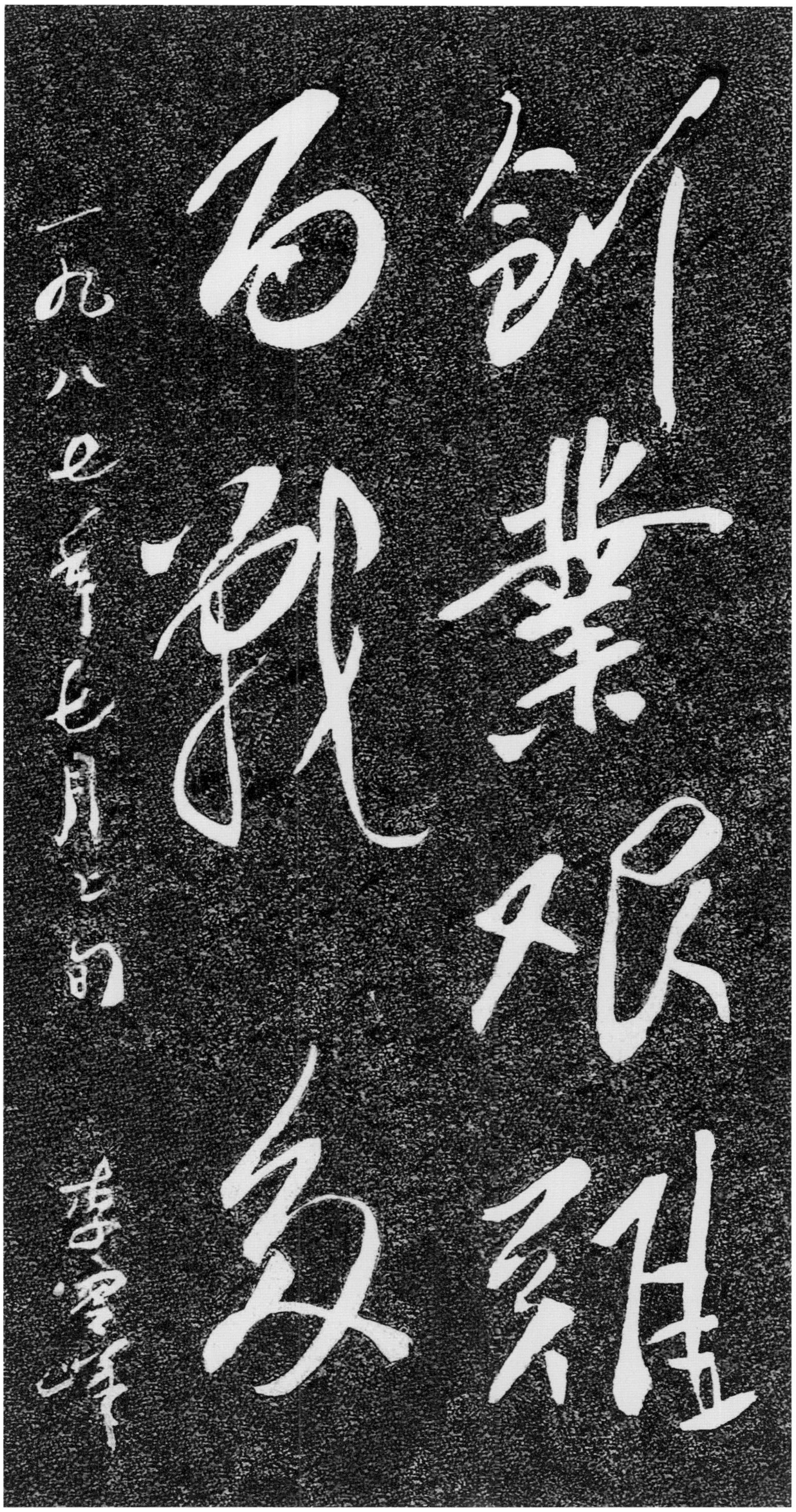

李雪峰

曾任中共中央华北局第一书记、全国政协常委、全国人大常委会副委员长、中央顾问委员会委员等职。

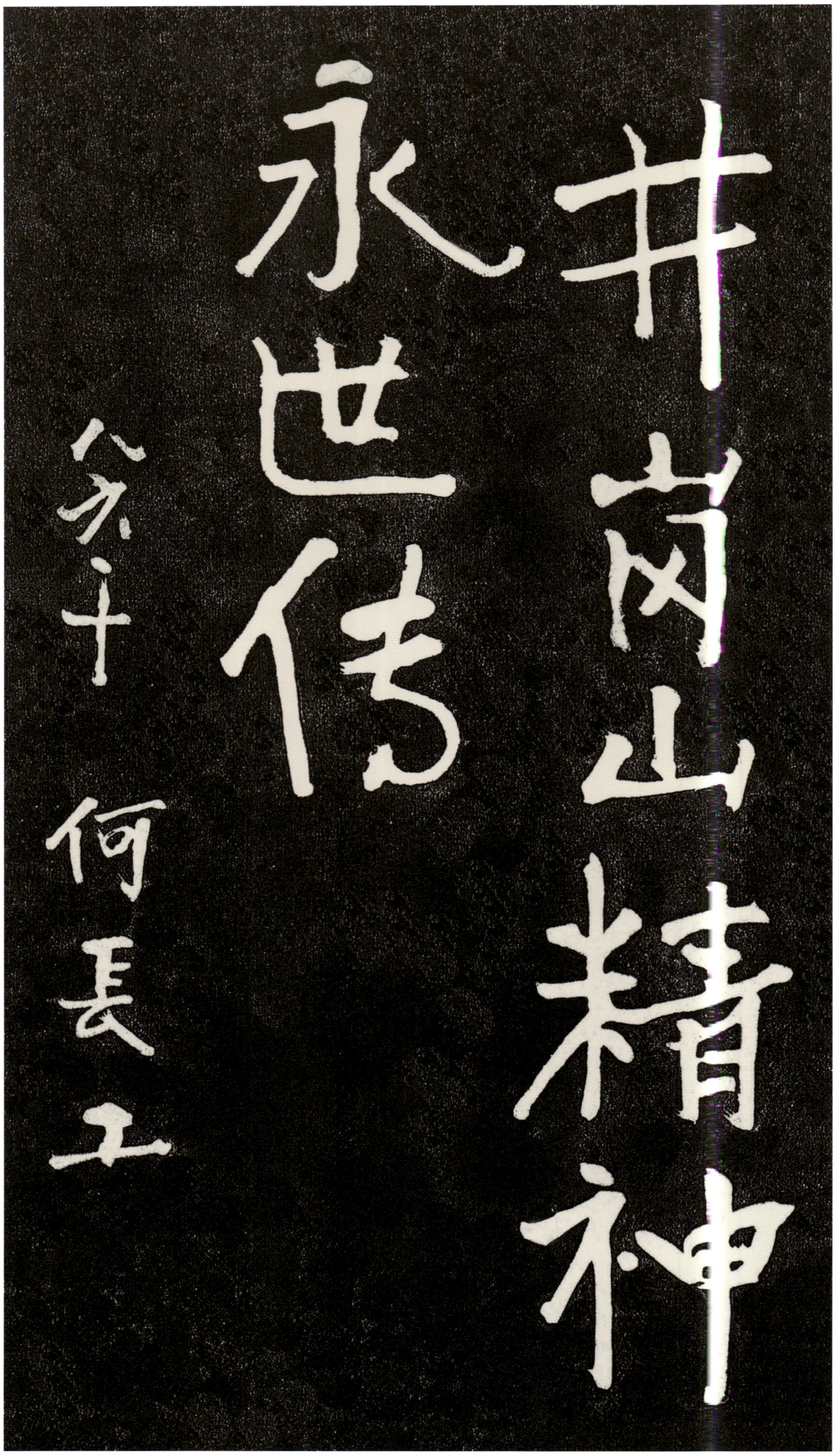

何长工

井冈山革命斗争时期湘赣边界特委委员。曾任地质部副部长、中国人民解放军军政大学副校长、全国政协副主席、中央顾问委员会常委等职。

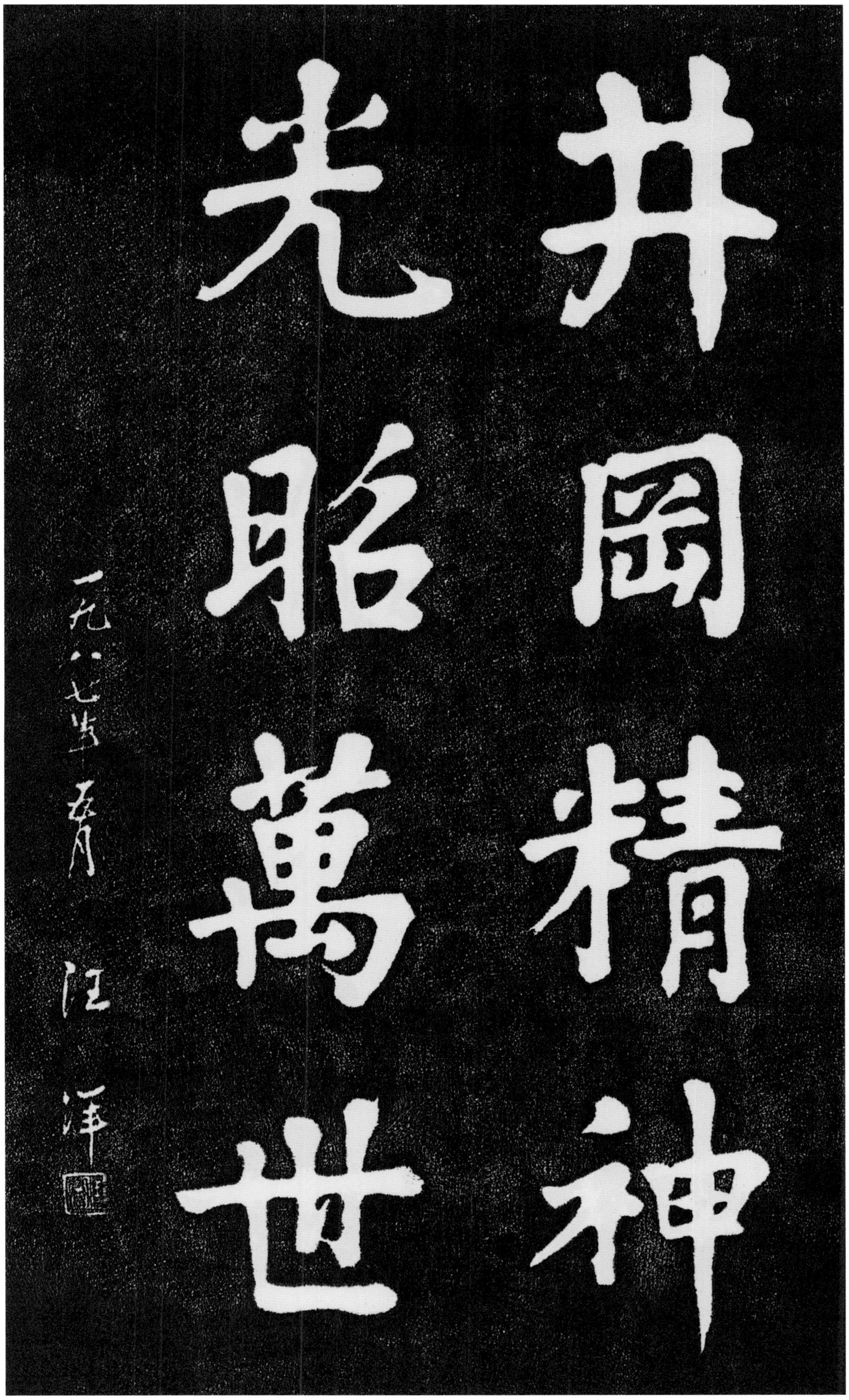

汪　洋

曾任第七机械工业部部长、北京军区副司令员等职。

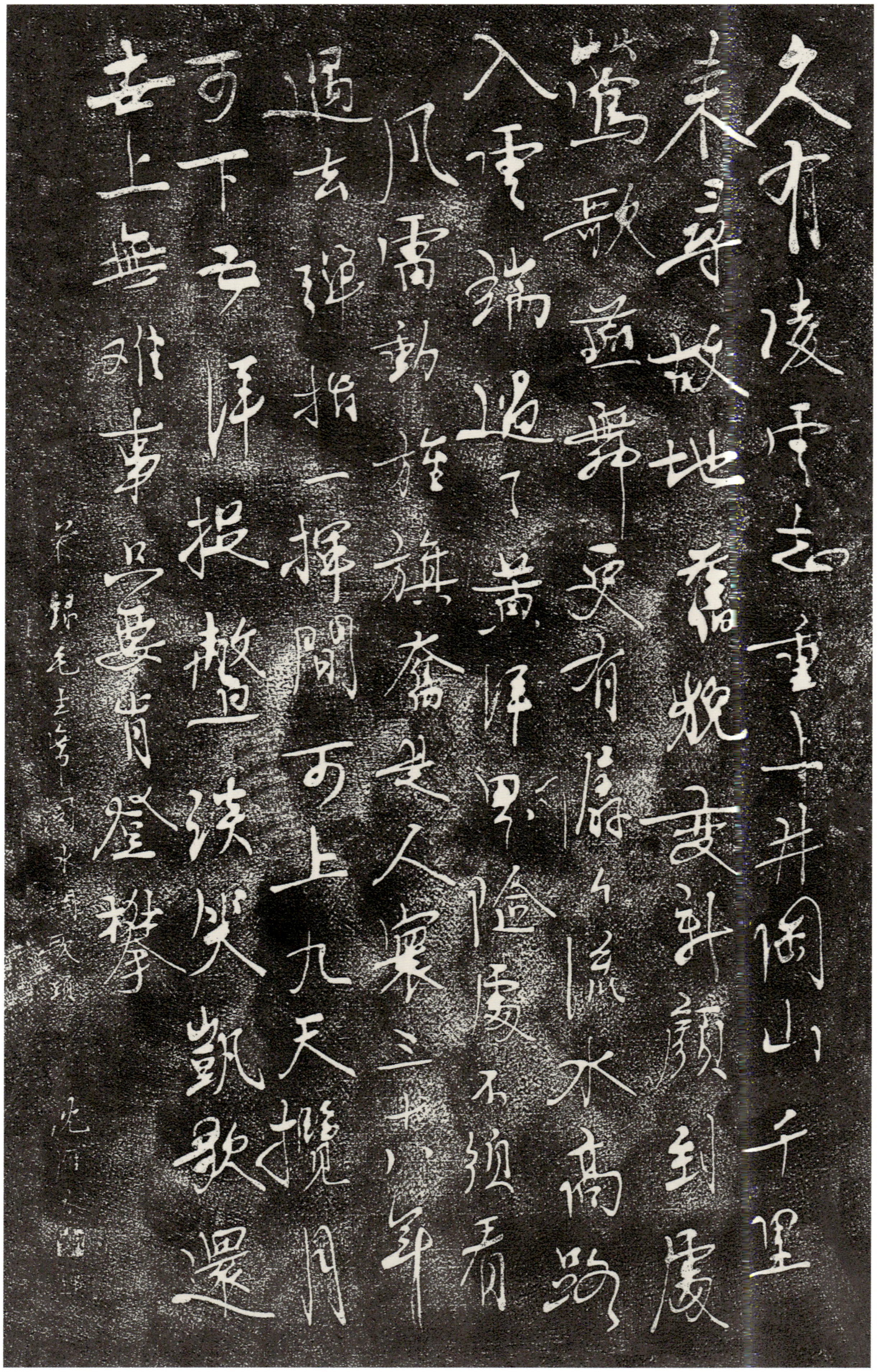

沈雁冰

著名作家、书法家。曾任中国作协主席、文化部部长、全国政协副主席等职。

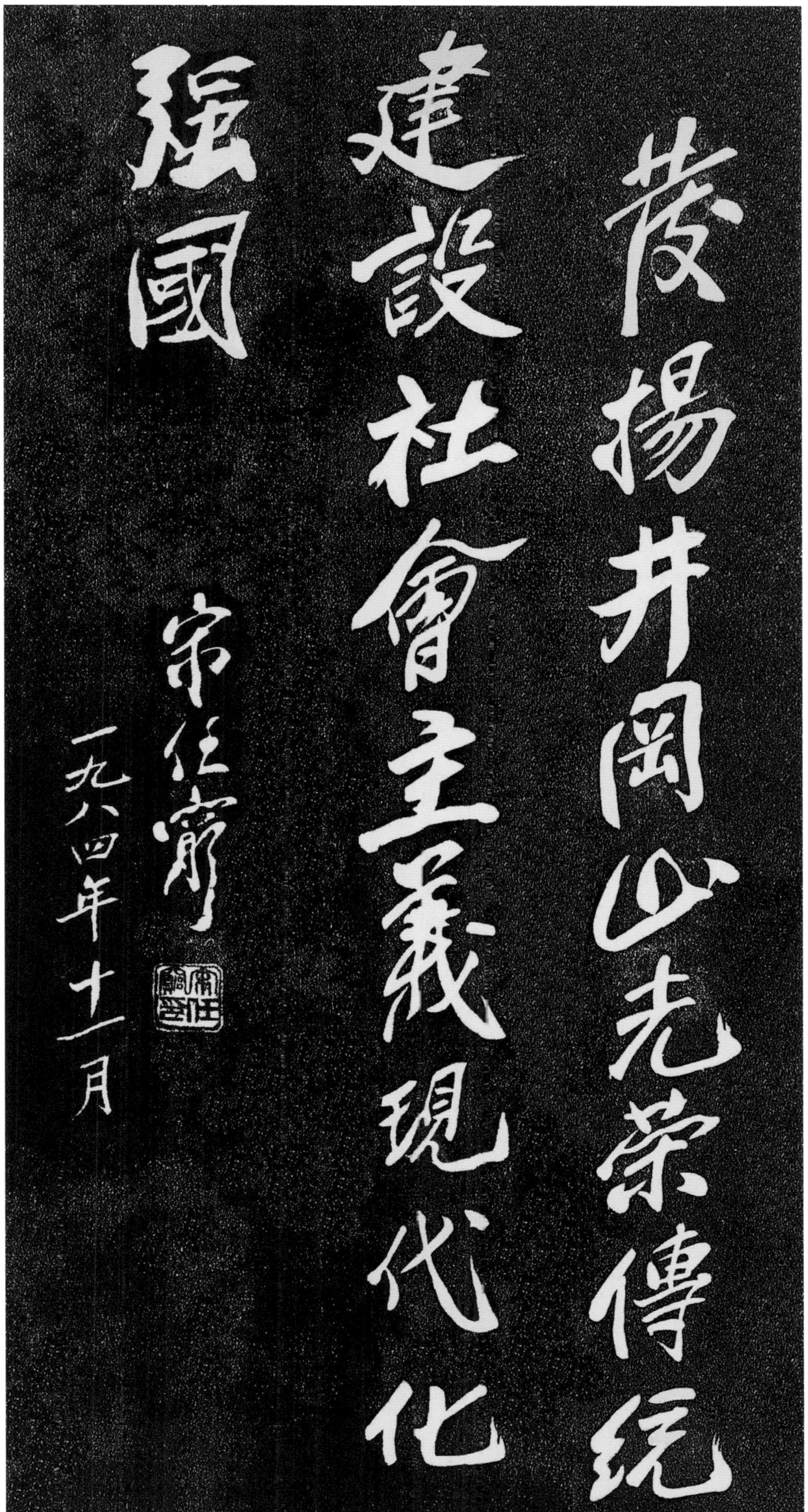

宋任穷

参加了井冈山革命根据地的创建。曾任中共中央组织部部长、全国政协副主席、中共中央政治局委员、中央顾问委员会副主任等职。

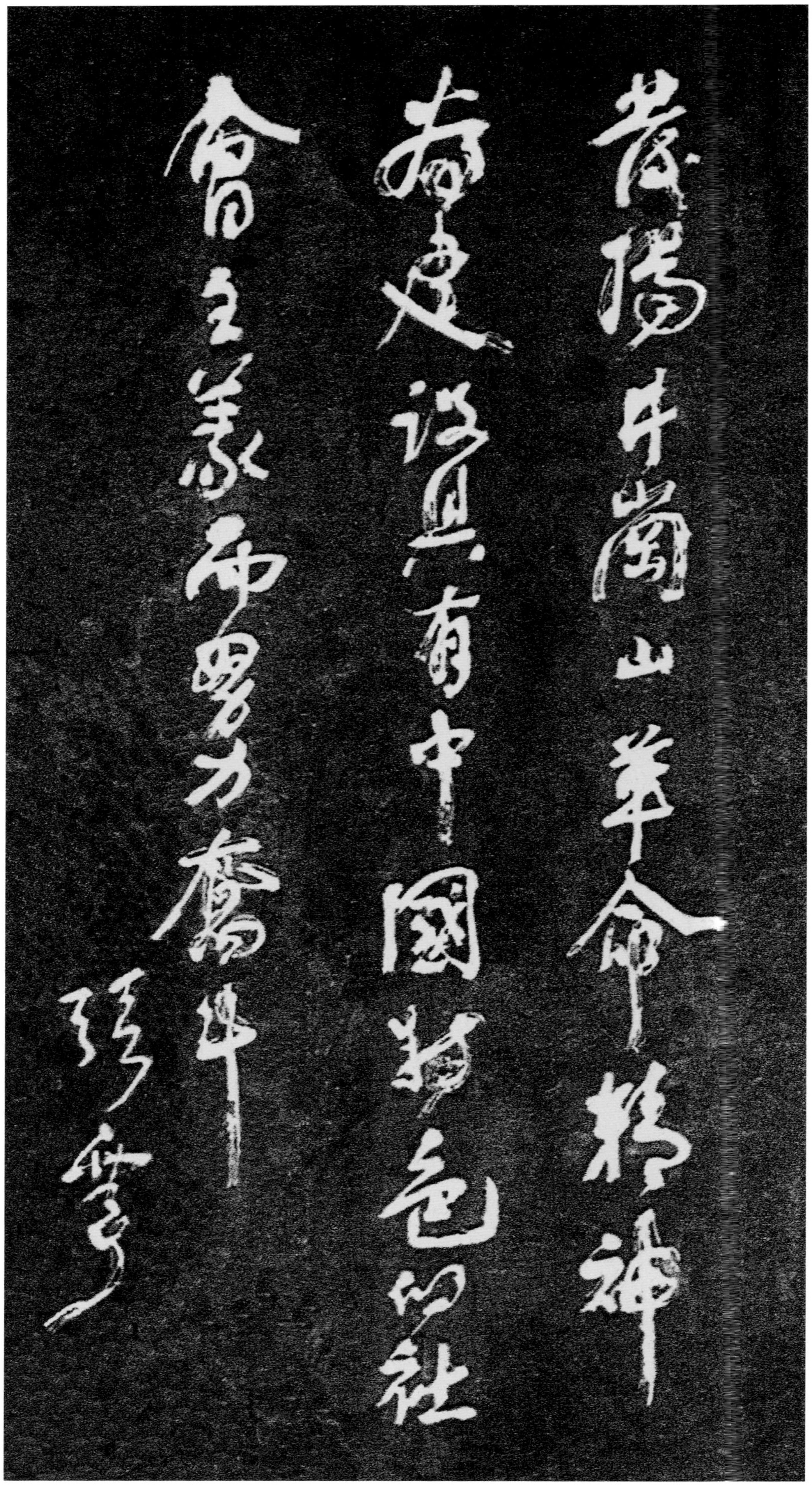

张　震

曾任中国人民解放军军事科学院院长、总后勤部部长、国防大学校长、中央军委副主席、中共中央委员、中央顾问委员会委员等职。

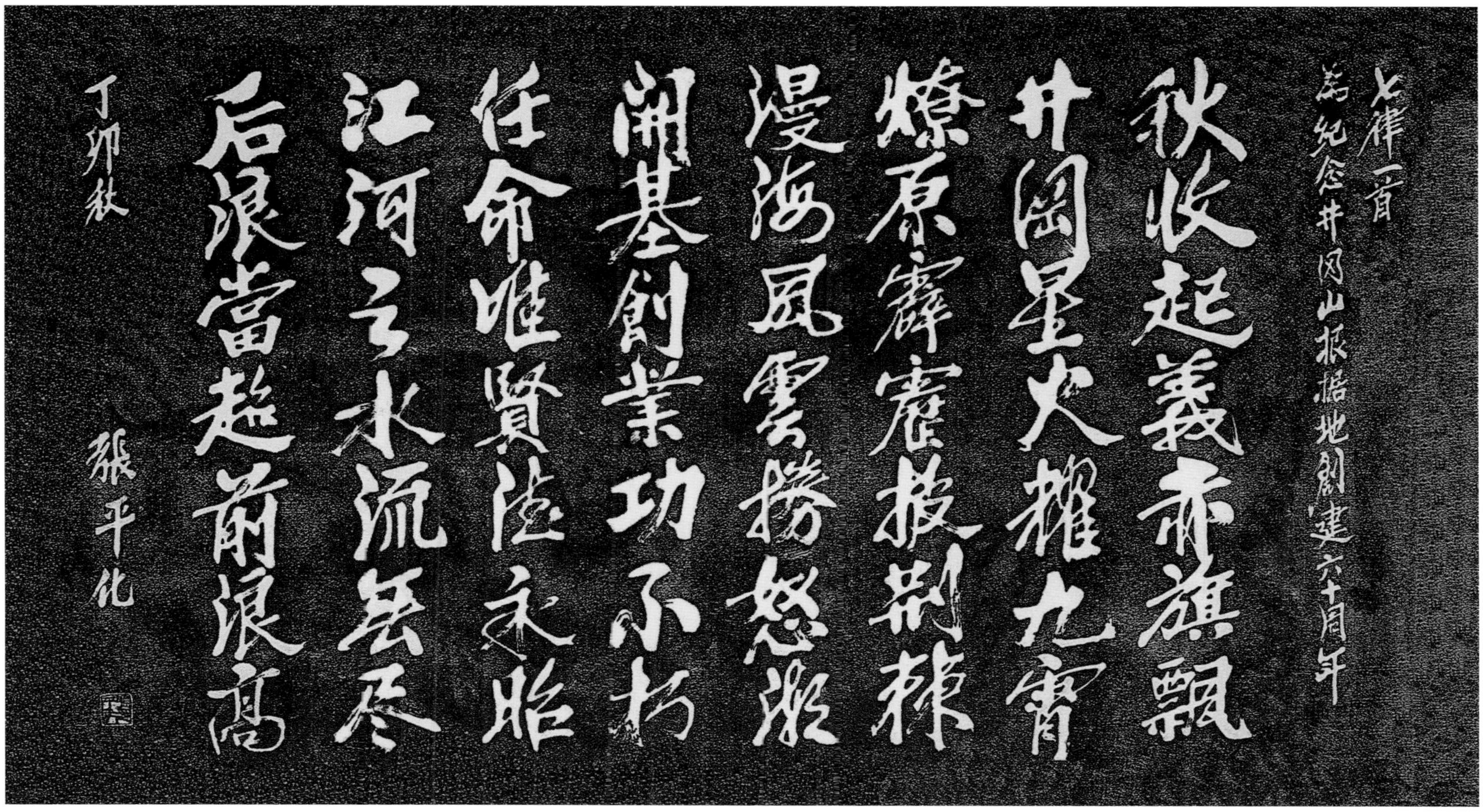

张平化

参加了井冈山革命根据地的创建。曾任中共湖南省委第一书记、中共中央宣传部部长、中央顾问委员会委员等职。

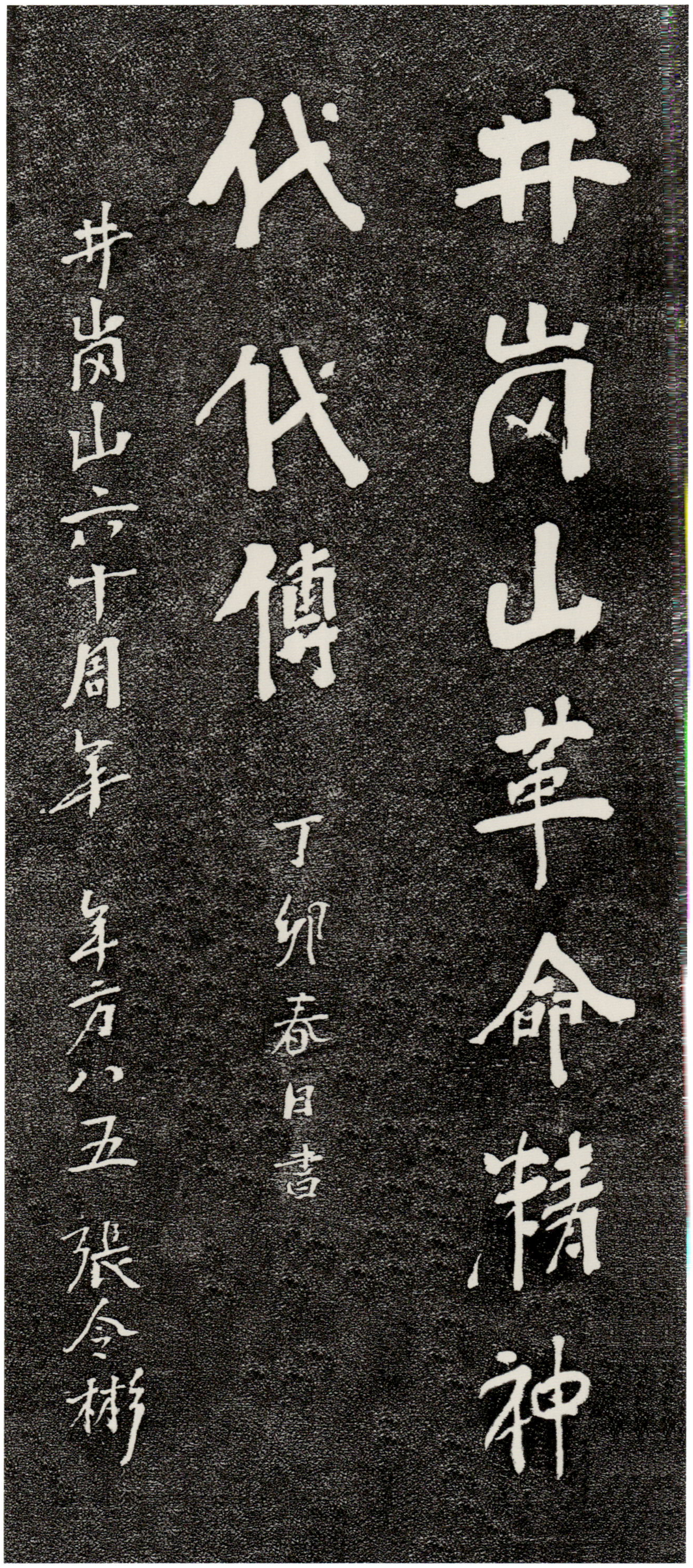

张令彬

参加了井冈山革命根据地的创建。曾任中国人民解放军总后勤部副部长、中央顾问委员会委员等职。

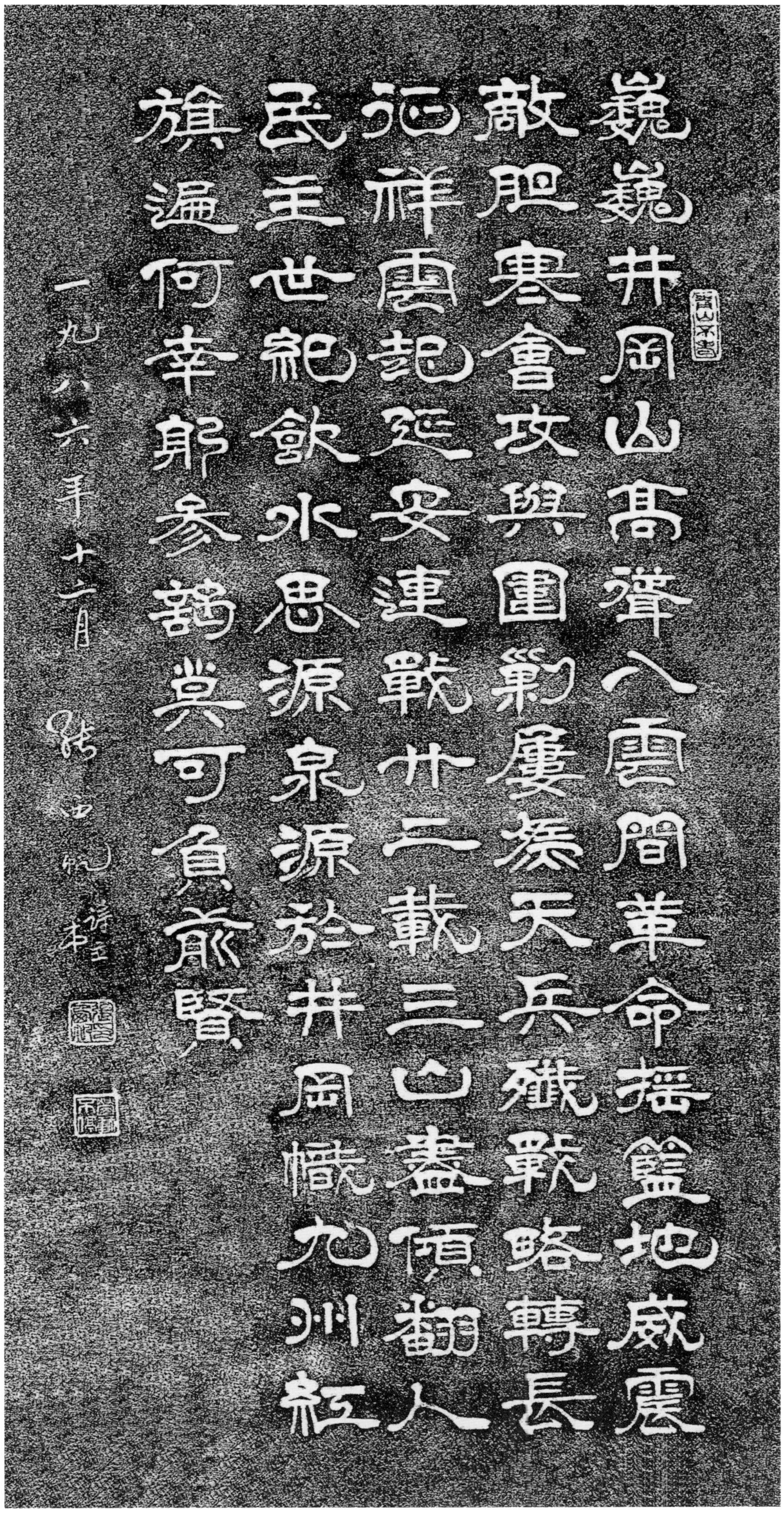

张西帆

曾任北京军区副司令员、中国书协常务理事等职。

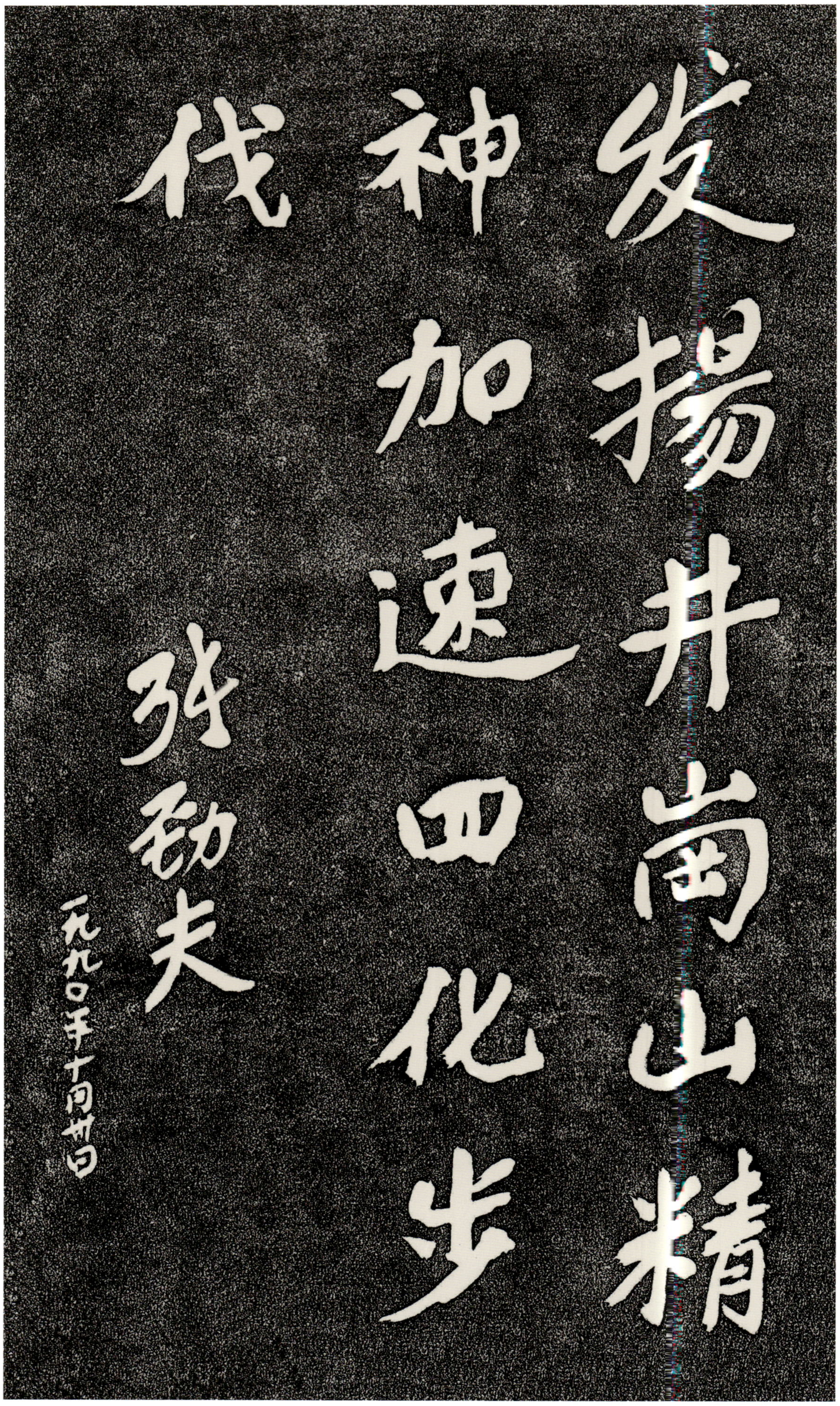

张劲夫

曾任国家科委副主任、财政部部长、国务委员兼国家经委主任、党组书记、全国政协常委、中央顾问委员会常委等职。

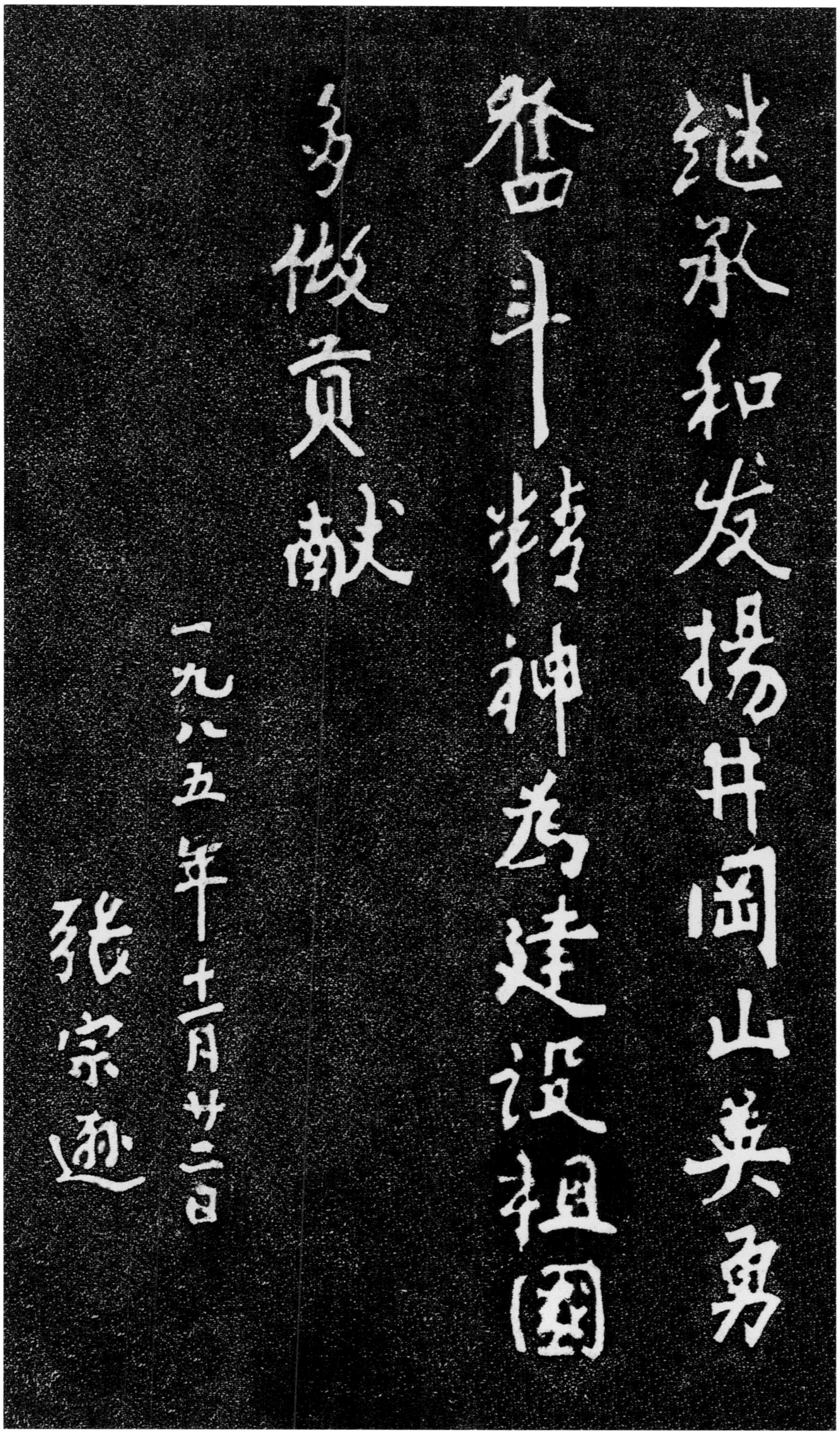

张宗逊

参加了井冈山革命根据地的创建。曾任中国人民解放军副总参谋长、总后勤部部长、全国政协委员、中共中央委员等职。

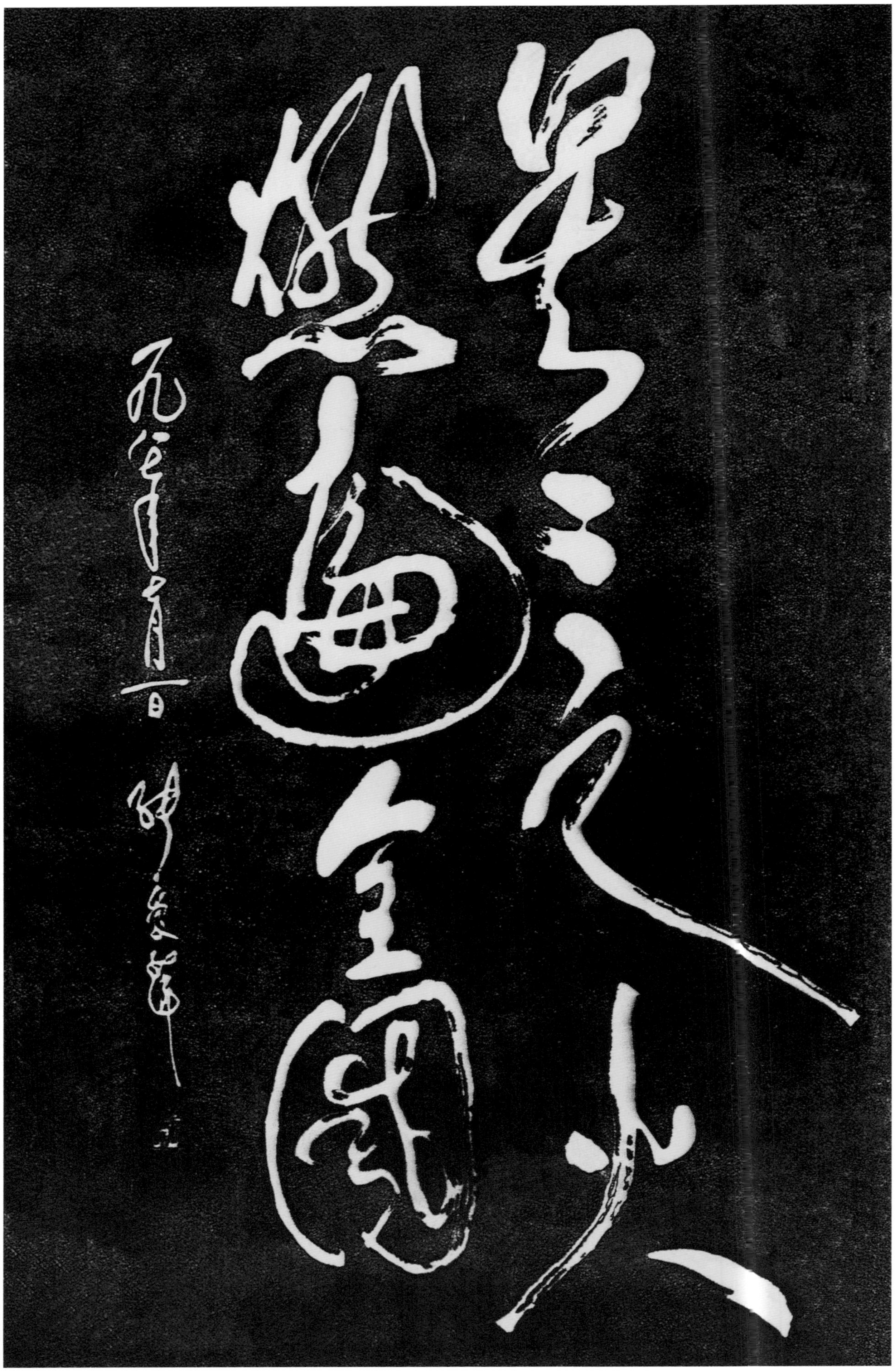

张爱萍

曾任中国人民解放军副总参谋长、国防科工委主任、国务院副总理、国务委员兼国防部长、中央顾问委员会常委等职。

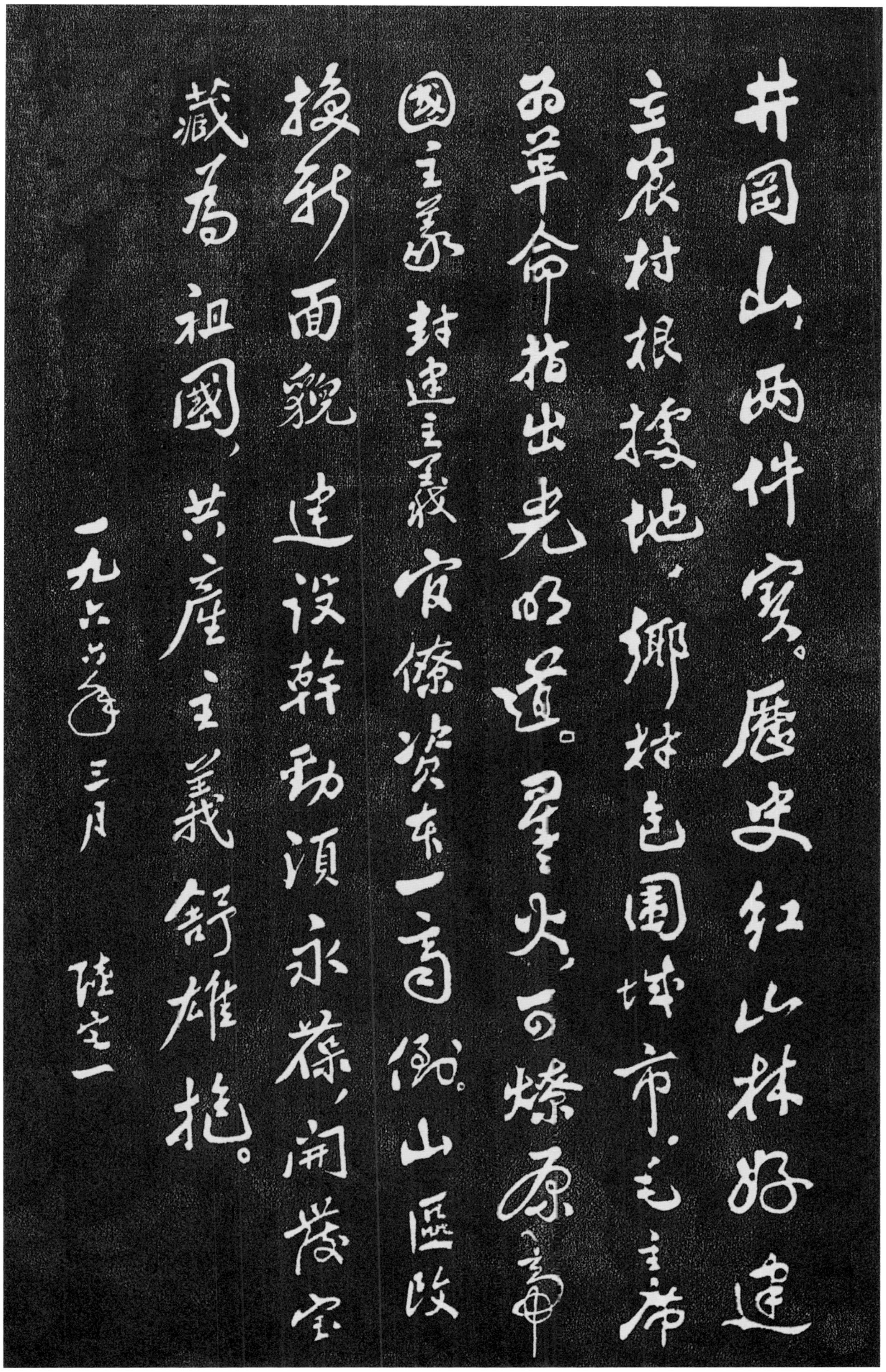

陆定一

曾任中共中央宣传部部长、国务院副总理、全国政协副主席、中共中央政治局候补委员、书记处书记、中央顾问委员会常委等职。

陈　雷

曾任中共黑龙江省委书记、中共中央委员、中央顾问委员会委员等职。

陈士榘

参加了井冈山革命根据地的创建。曾任中国人民解放军工程兵司令员、国防委员会委员、中共中央委员、中央军委顾问等职。

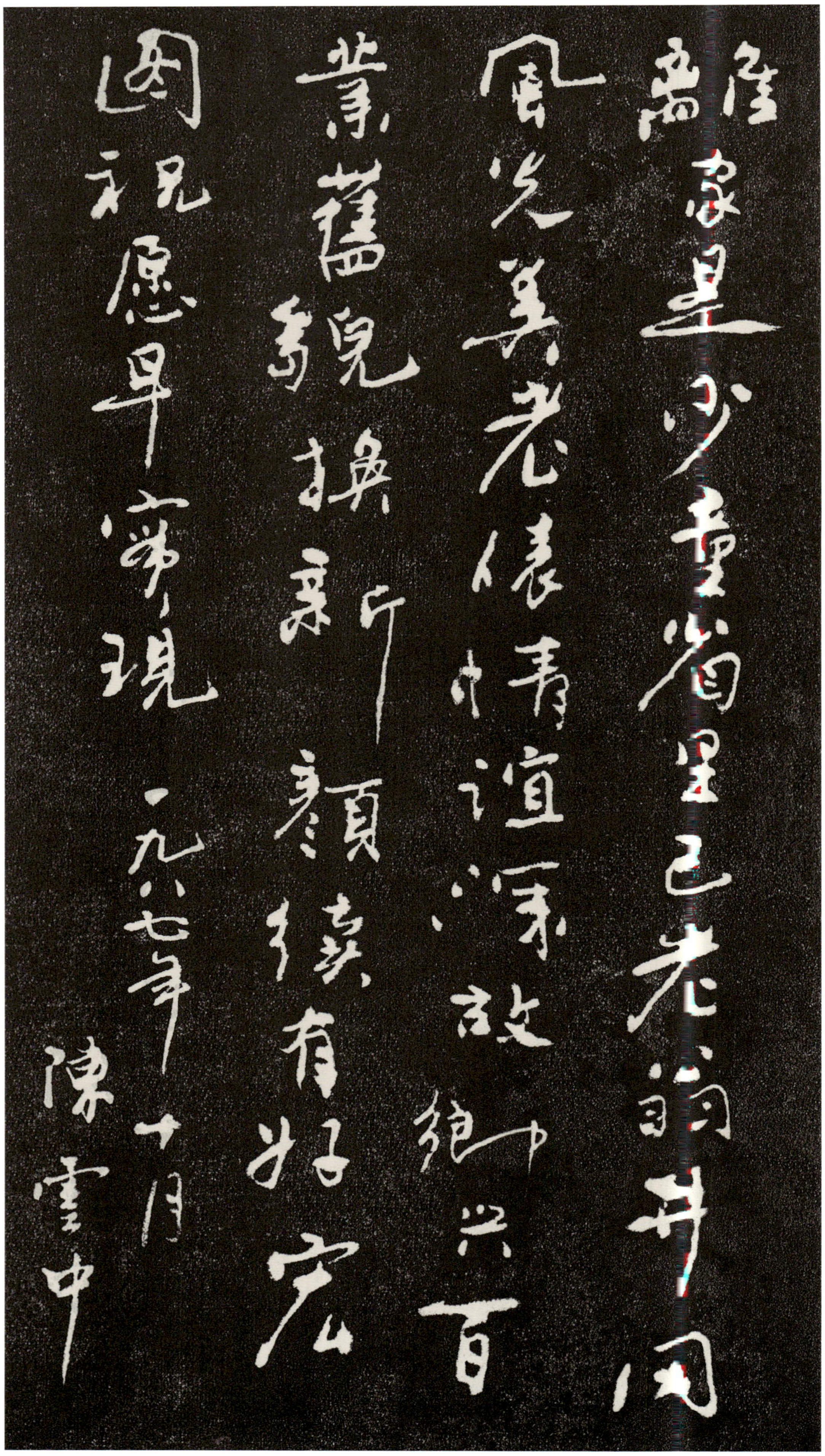

陈云中

曾任中国人民解放军海军后勤部副部长兼参谋长、国防部第七研究院副院长等职。

陈 正 湘

曾任北京军区副司令员、全国政协常委等职。

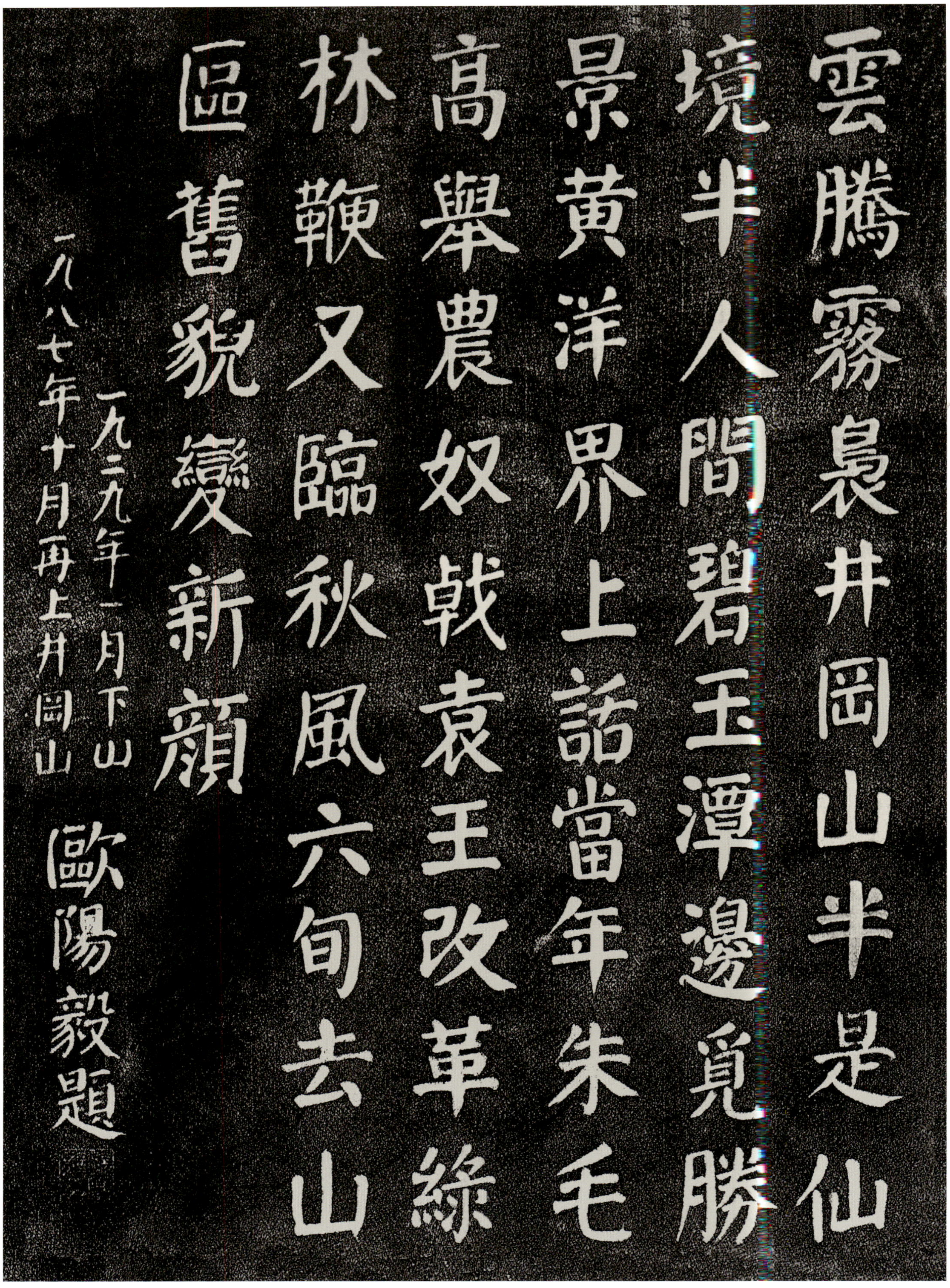

欧阳毅

参加了井冈山革命根据地的创建。曾任中国人民解放军公安部队政治部主任、全国政协委员、全国人大常委会委员等职。

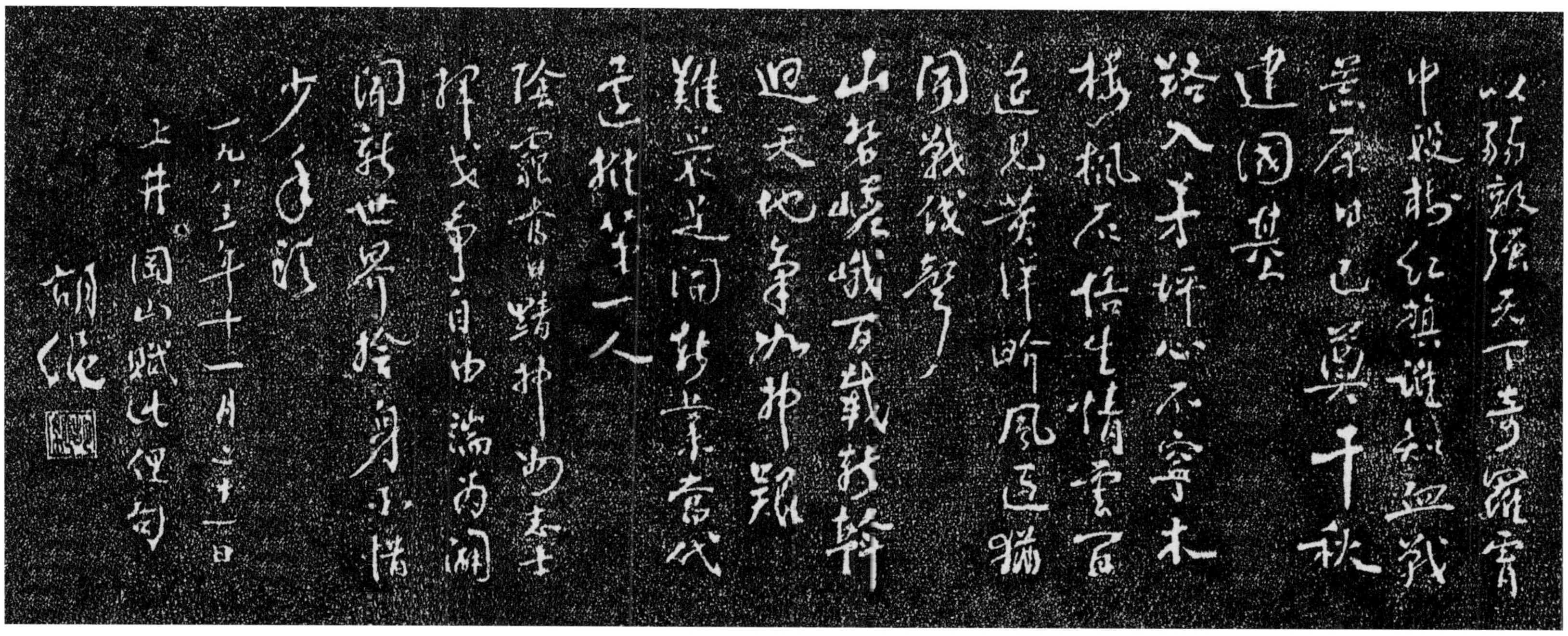

胡　绳

曾任《红旗》杂志社副总编辑、中国社会科学院院长、中共中央党史研究室主任、全国人大常委会委员、全国政协副主席等职。

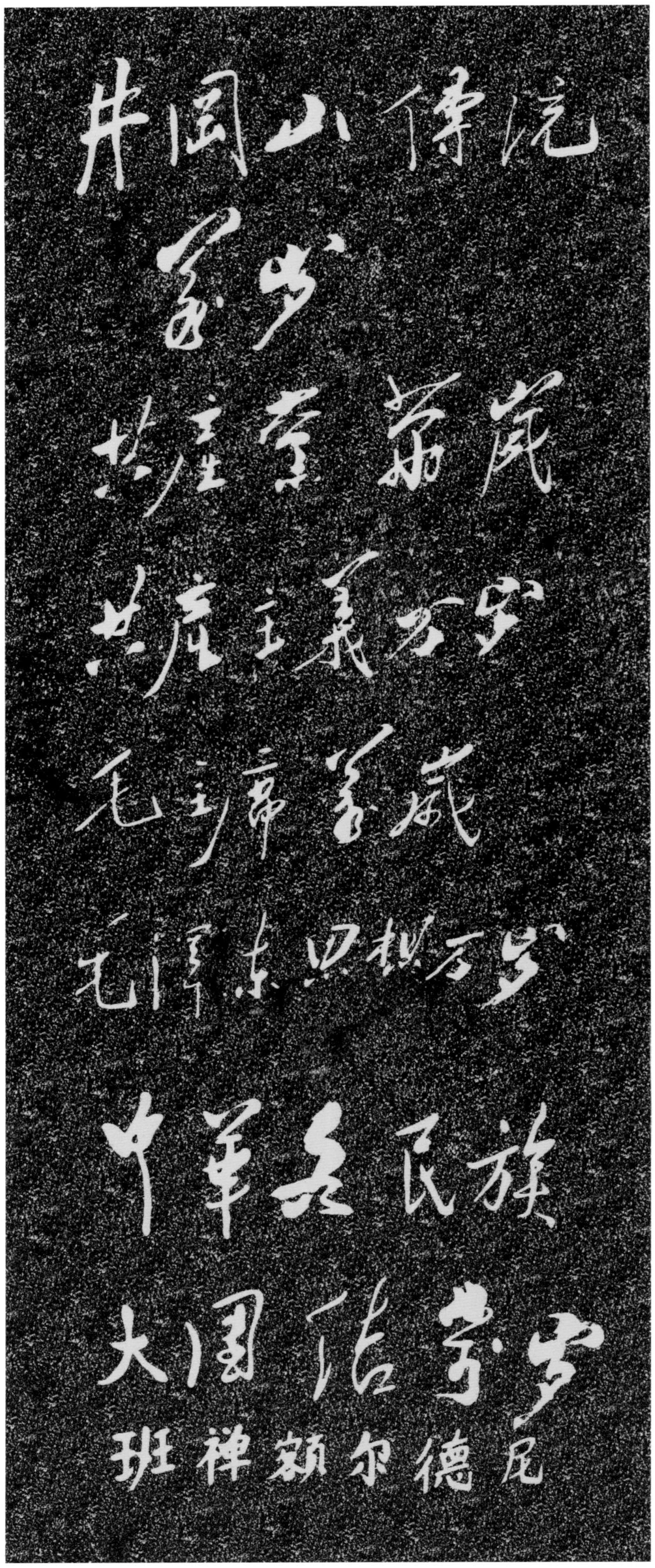

班禅额尔德尼 · 确吉坚赞

曾任中国佛教协会名誉会长、全国人大常委会副委员长、全国政协副主席等职。

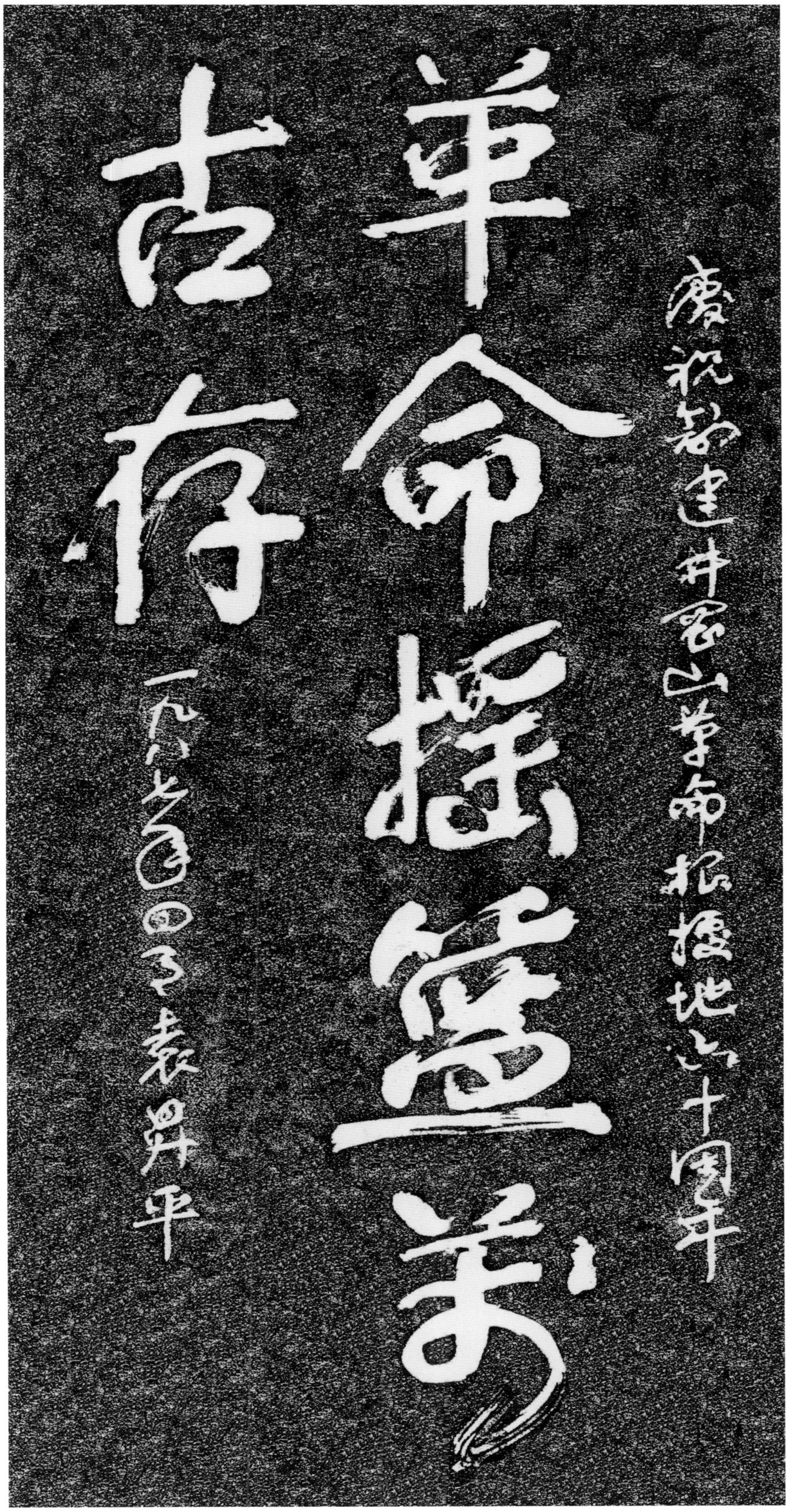

袁升平

曾任中国人民志愿军军政委、中国人民解放军军事科学院第二政委、北京军区政委、中共中央委员、中央顾问委员会委员等职。

莫文骅

曾任中国人民解放军政治学院院长、装甲兵政委、全国人大常委会委员等职。

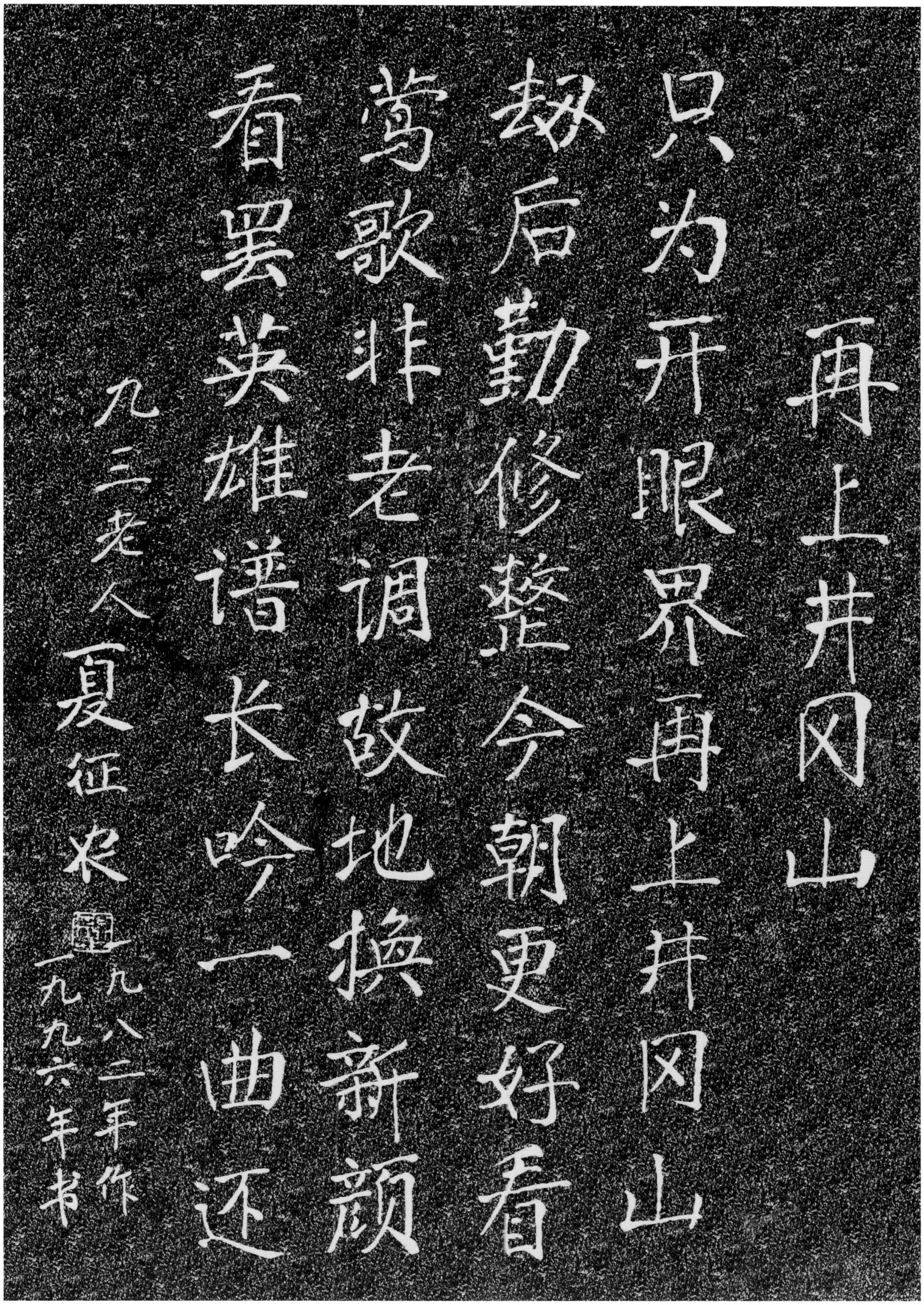

夏征农

曾任中共上海市委书记。

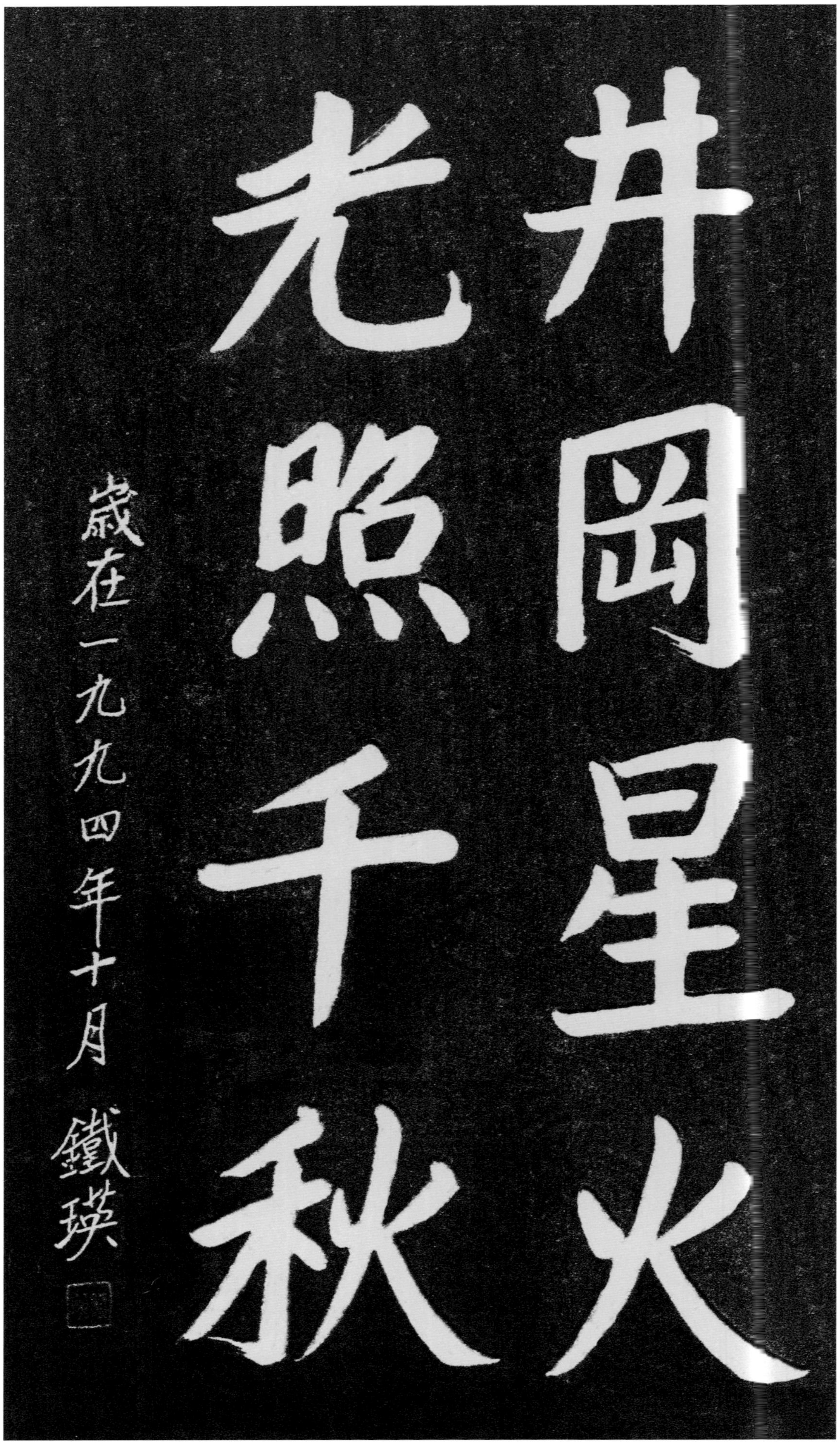

铁　瑛

曾任中共浙江省委第一书记、中共中央委员、中央顾问委员会委员等职。

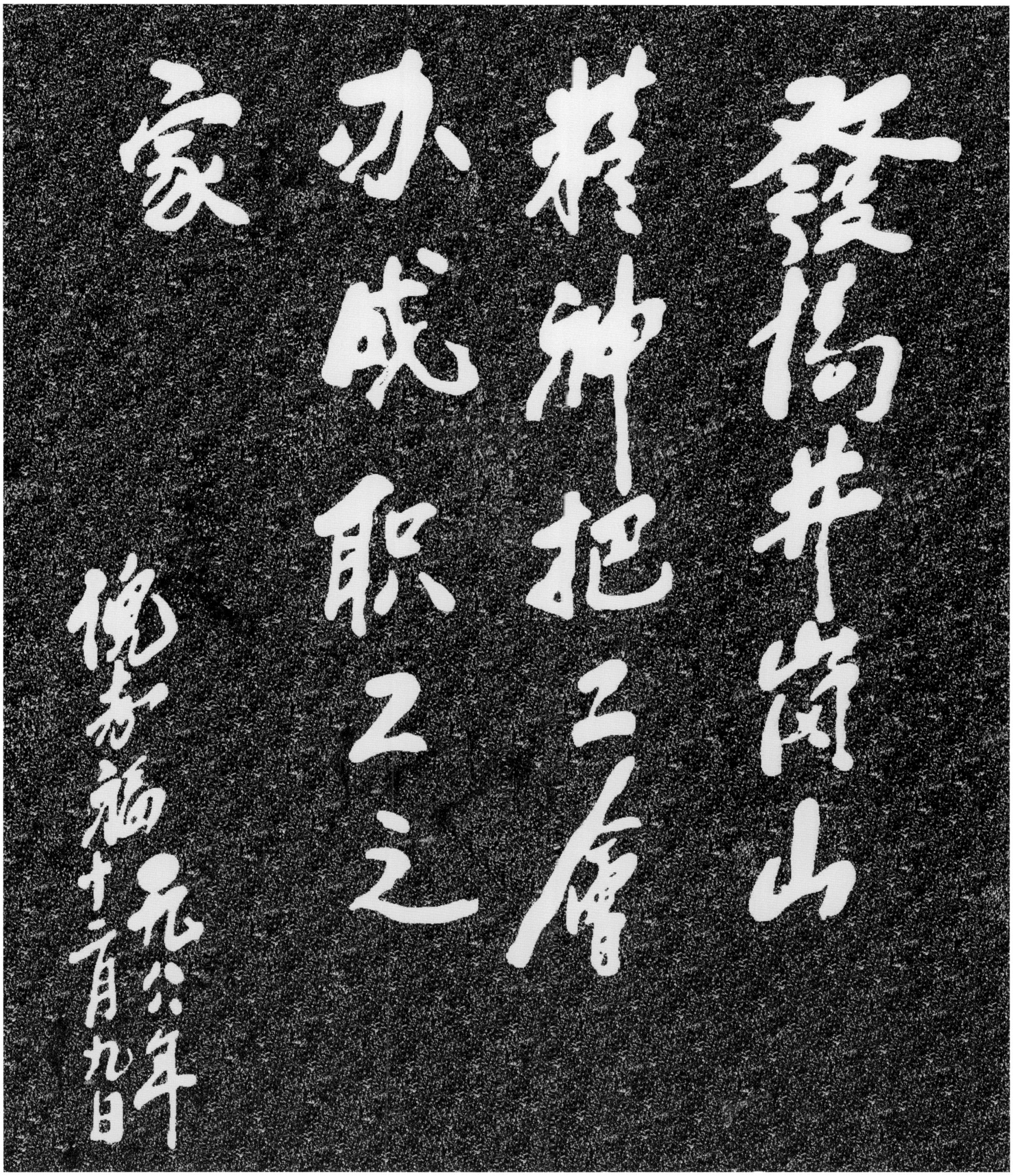

倪志福

曾任中共天津市委书记、全国总工会执委会主席、全国人大常委会副委员长等职。

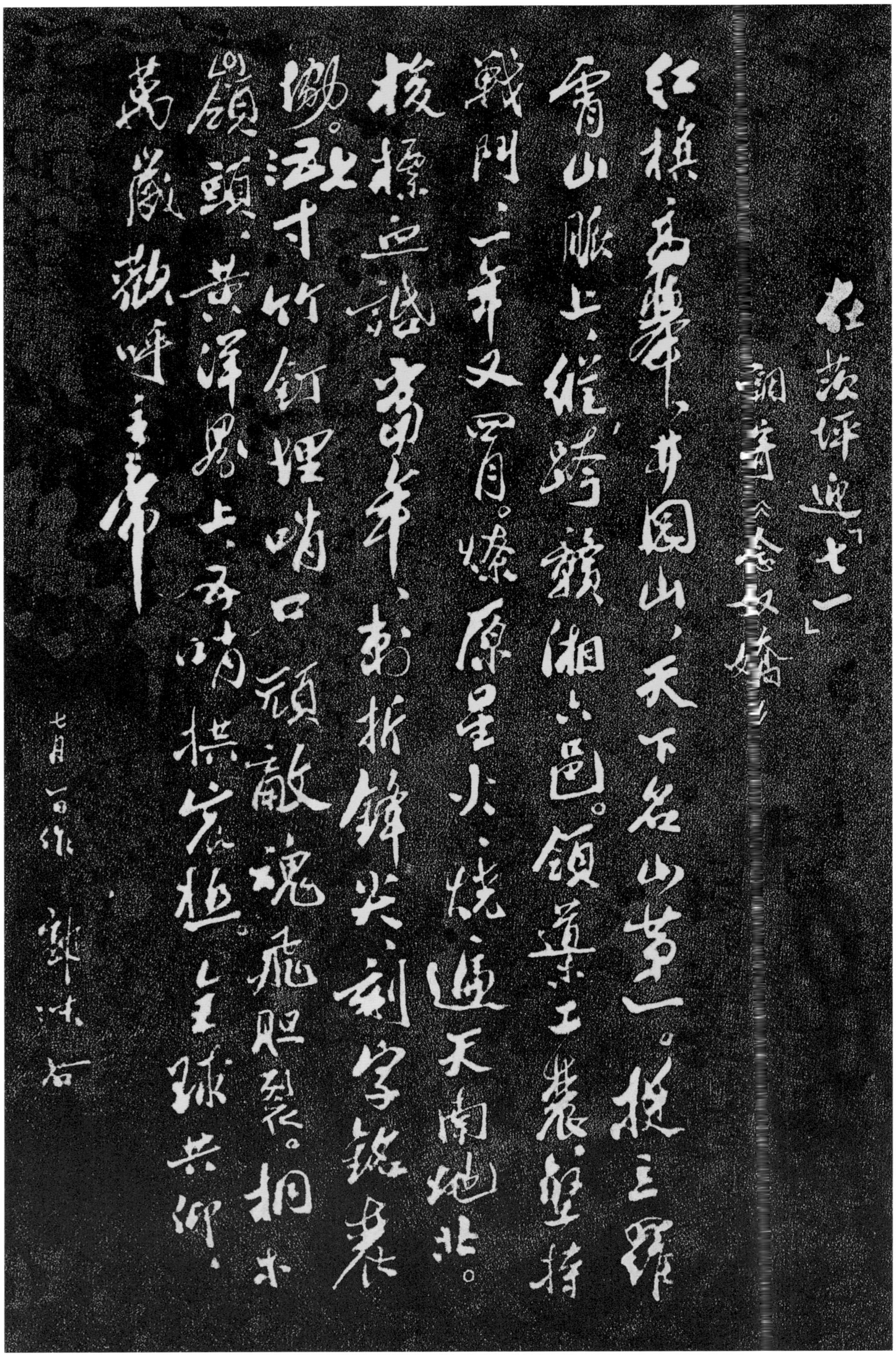

郭沫若

著名作家、历史学家、考古学家。曾任中国科学院院长、全国人大常委会副委员长、全国政协副主席等职。

唐天际

参加了井冈山革命根据地的创建。曾任中国人民解放军防空部队政委、总后勤部副部长、全国人大常委会委员、全国政协常委等职。

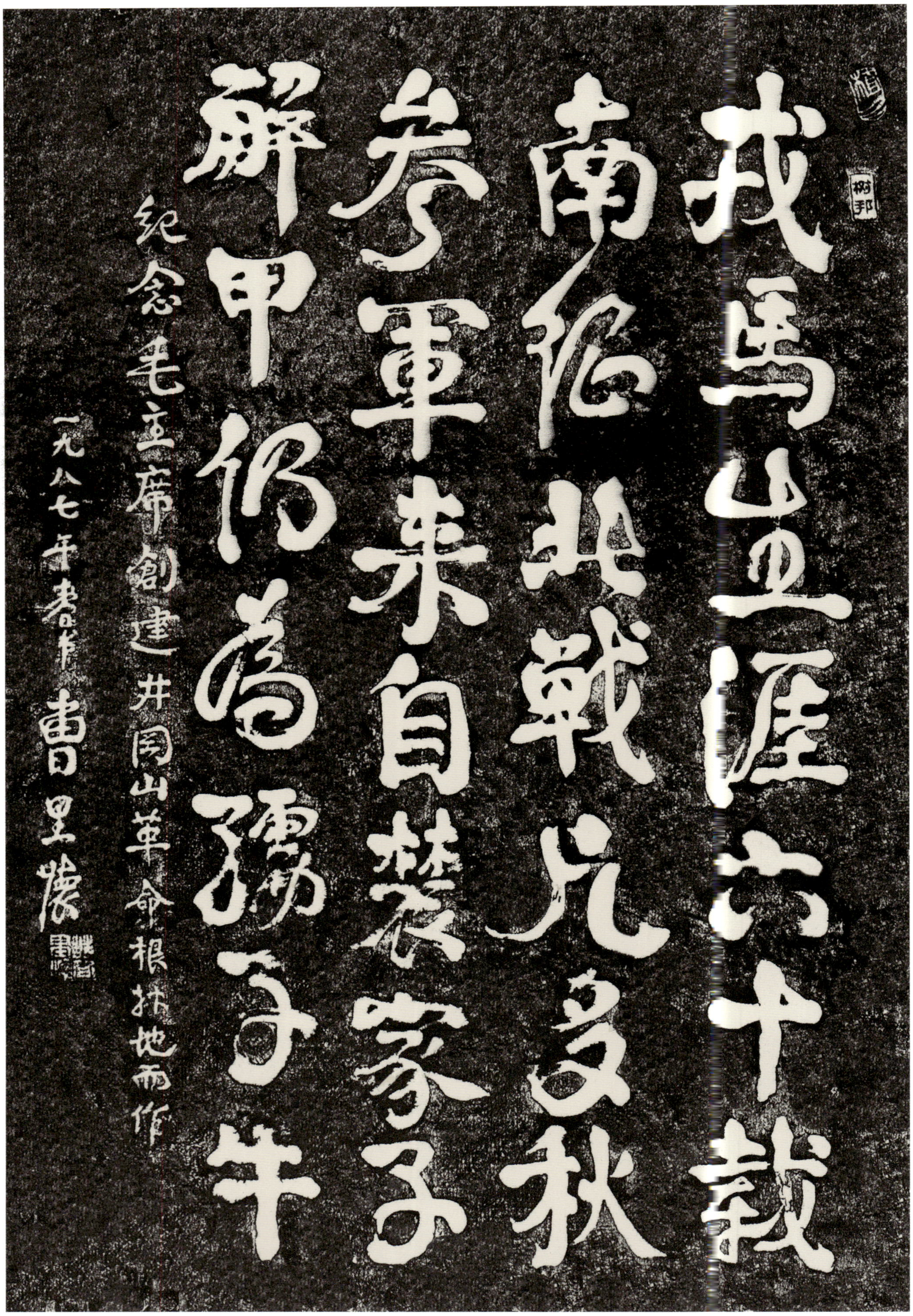

曹里怀

参加了井冈山革命根据地的创建。曾任中国人民解放军空军副司令员、中共中央委员、中央顾问委员会委员等职。

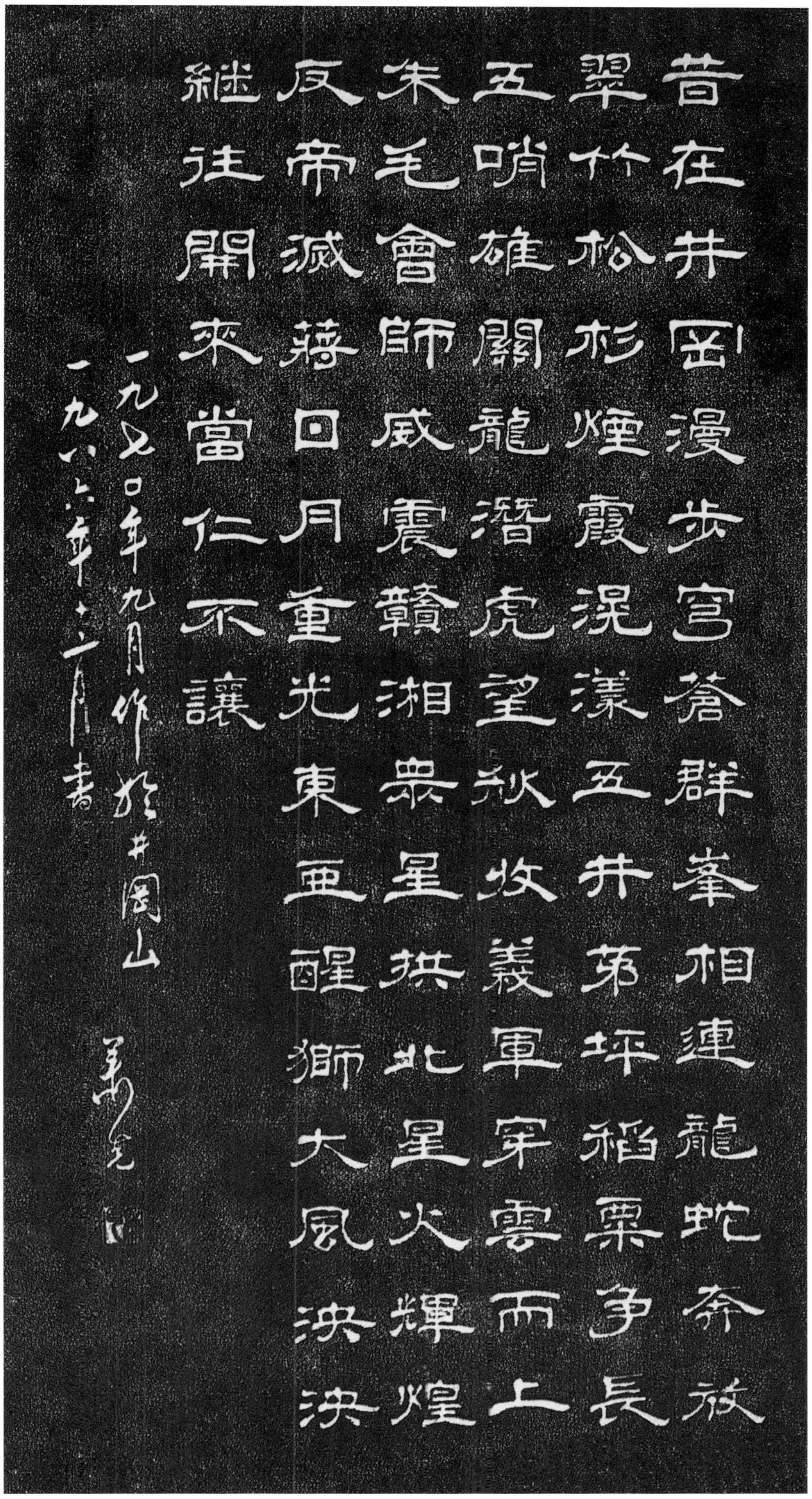

萧　克

参加了井冈山革命根据地的创建。曾任国防部副部长、全国政协副主席、中共中央委员、中央顾问委员会常委等职。

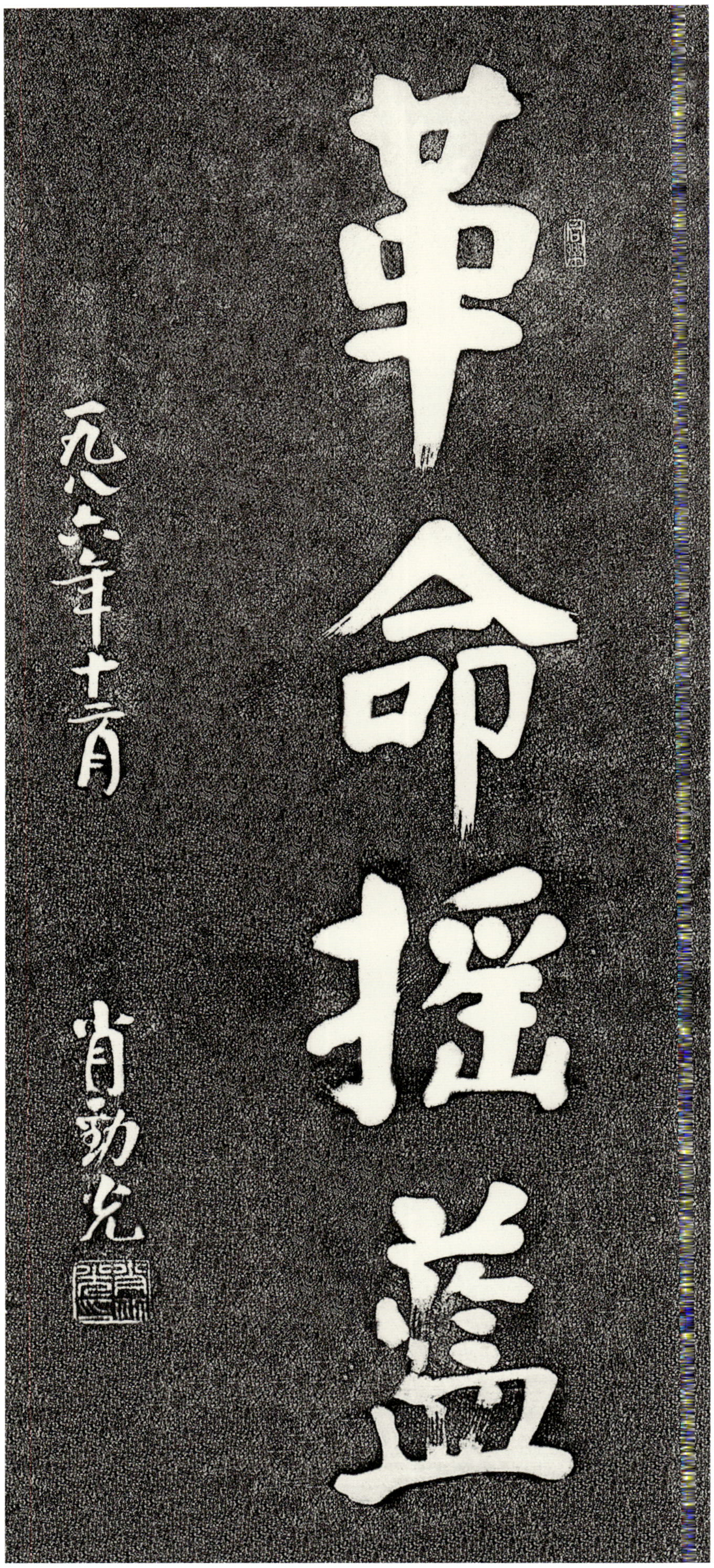

萧劲光

曾任中国人民解放军海军司令员、国防部副部长、全国人大常委会副委员长等职。

康克清

参加了井冈山革命根据地的创建。曾任全国妇联主席、全国人大常委会委员、全国政协副主席等职。

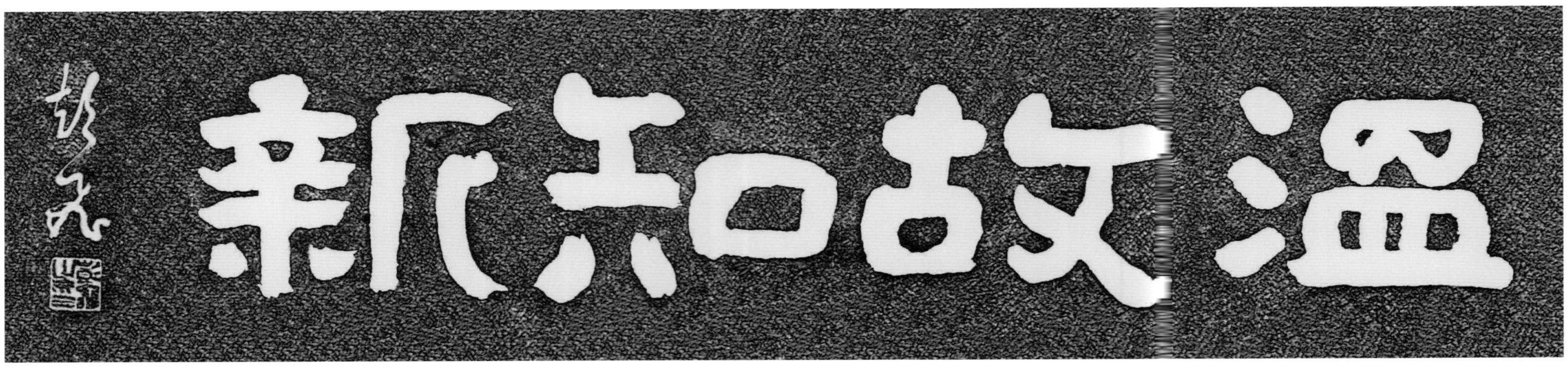

彭　飞

曾任中国人民解放军副军长兼参谋长、福建生产建设兵团司令员等职。

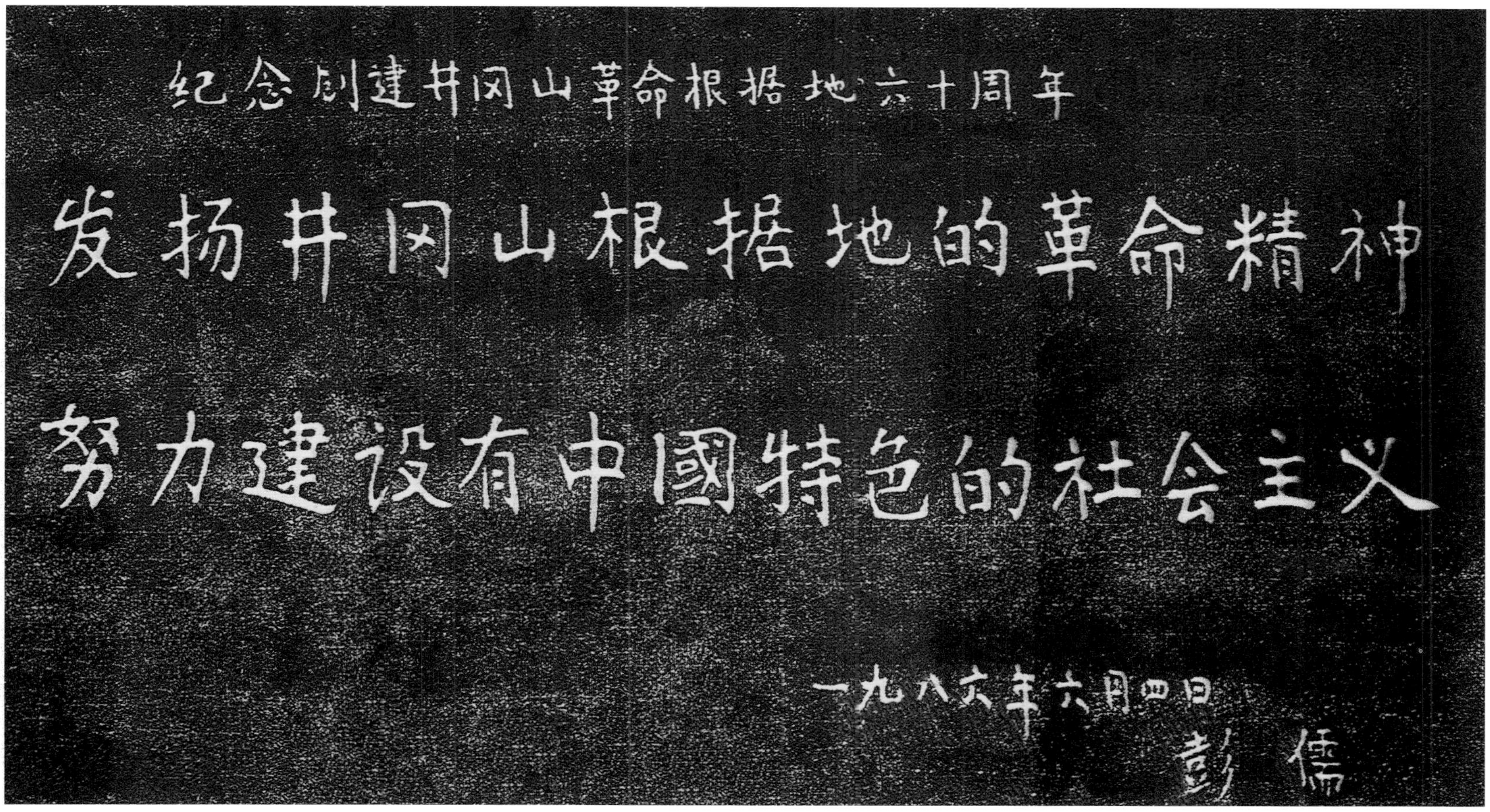

彭　儒

参加了井冈山革命根据地的创建。曾任江西省总工会副主席、国务院农林办公室机关党委书记、全国政协委员等职。

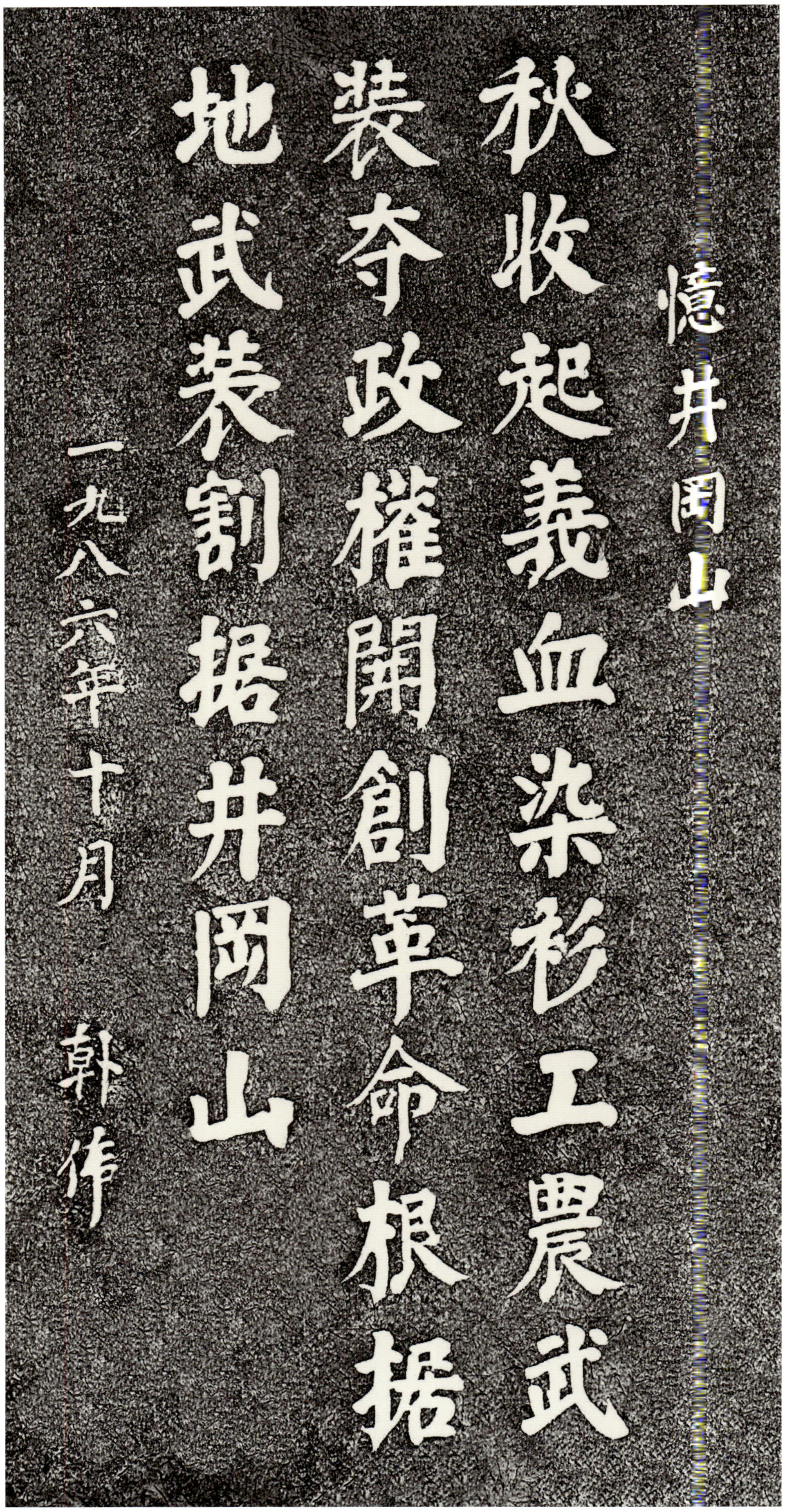

韩　伟

参加了井冈山革命根据地的创建。曾任北京军区副司令员兼参谋长、全国政协委员等职。

傅奎清

曾任中国人民解放军福州军区政委、南京军区政委、全国人大常委会委员、中共中央委员等职。

舒　同

曾任中共中央华东局宣传部部长、中共山东省委第一书记、中国书协主席、全国政协常委、中央顾问委员会委员等职。

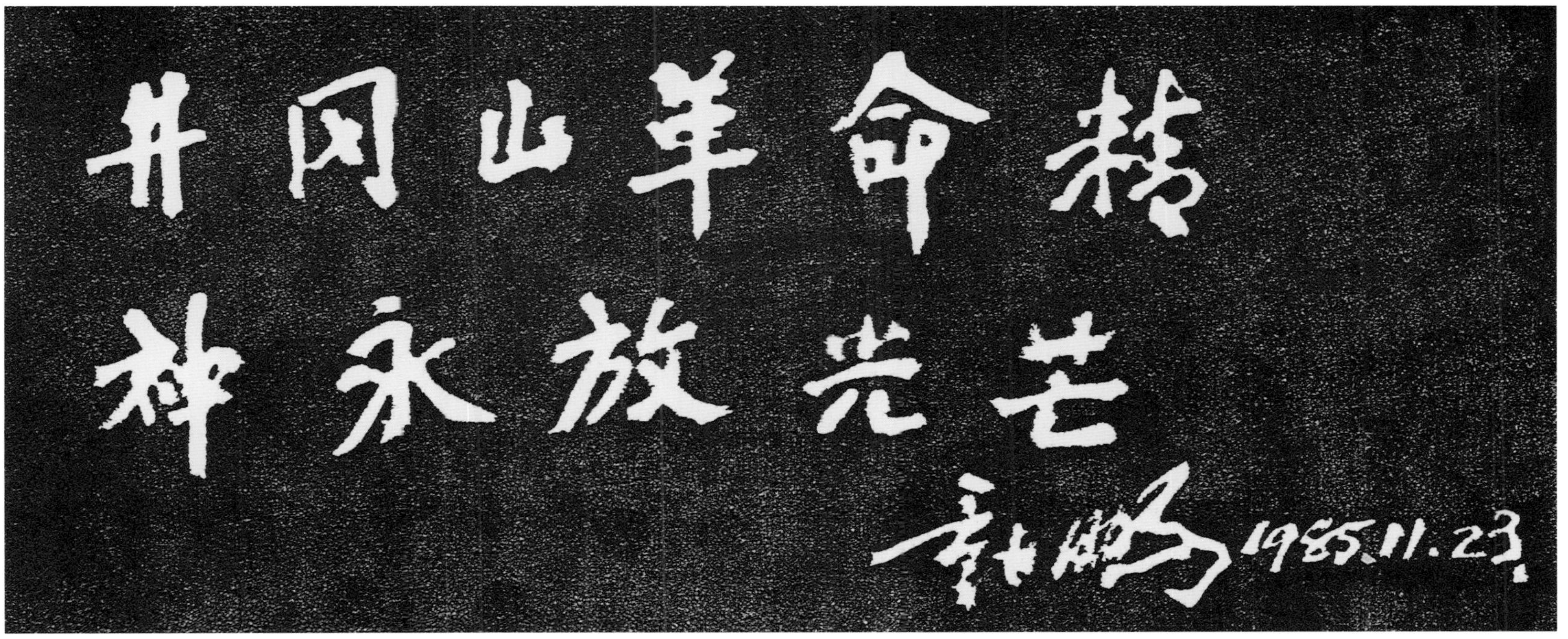

童小鹏

曾任中共中央统战部副部长、中共中央党史资料征集委员会副主任等职。

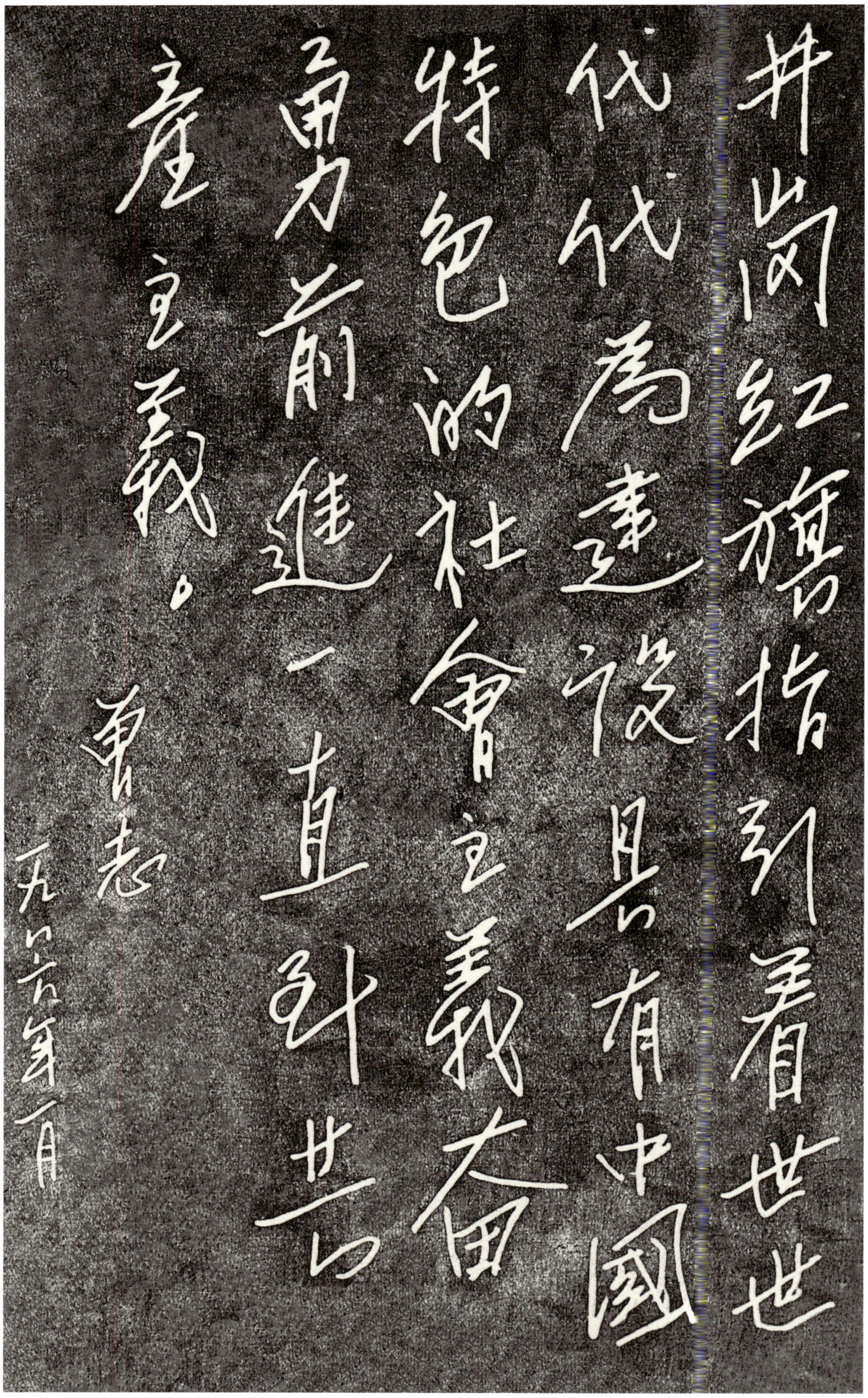

曾　志

参加了井冈山革命根据地的创建。曾任中共广州市委书记、中共中央组织部副部长、全国人大常委会委员、中央顾问委员会委员等职。

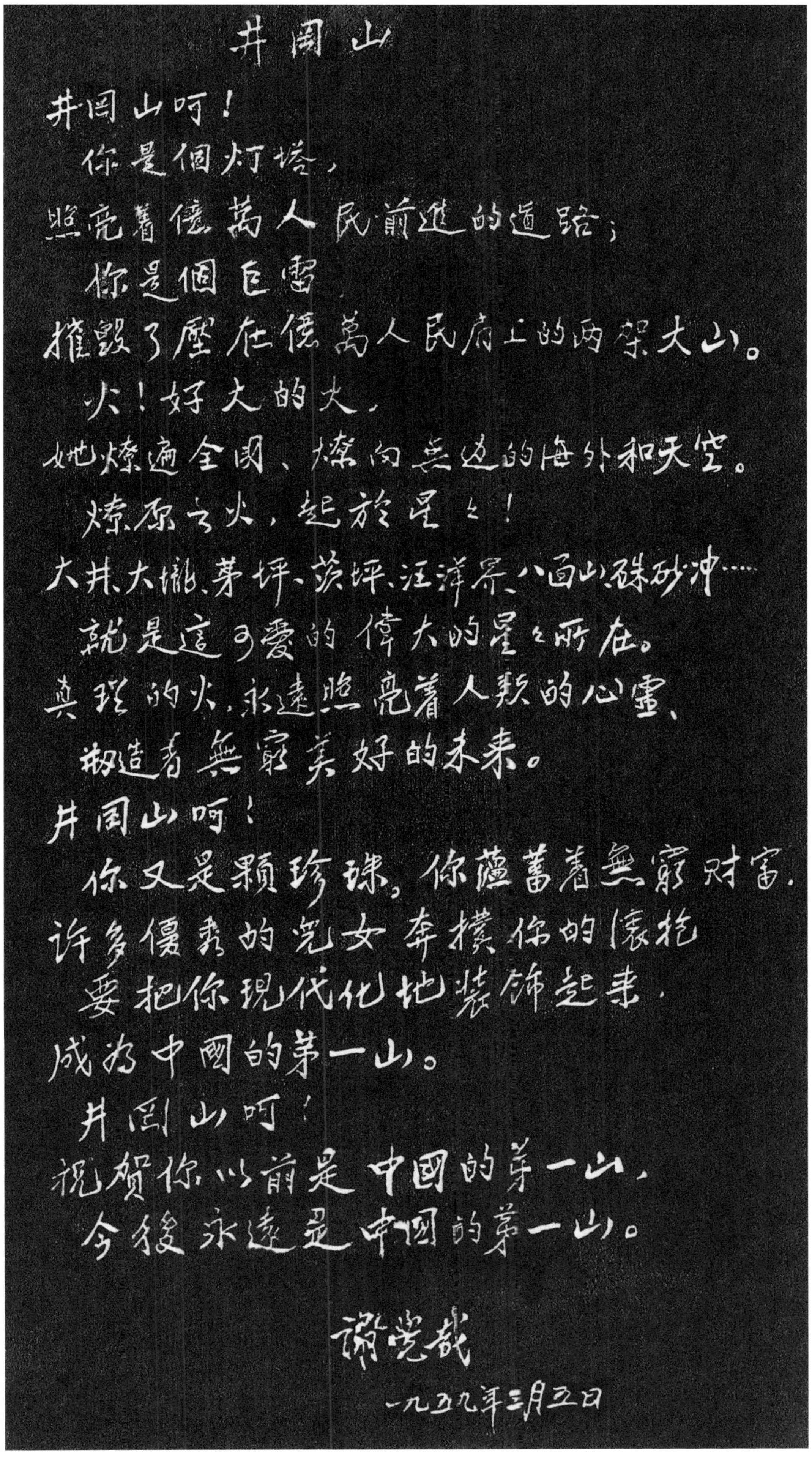

井冈山

井冈山呵！
你是個灯塔，
照亮着億萬人民前進的道路；
你是個巨雷，
摧毀了壓在億萬人民肩上的兩架大山。
火！好大的火，
她燎遍全国、燎向無邊的海外和天空。
燎原之火，起於星星！
大井、大垅、茅坪、茨坪、汪洋界、八面山、硃砂冲……
就是這可爱的偉大的星星所在。
真理的火，永遠照亮着人類的心靈，
創造着無窮美好的未来。
井冈山呵！
你又是顆珍珠，你蘊蓄着無窮財富，
许多優秀的兒女奔撲你的懷抱，
要把你現代化地装飾起来，
成為中國的第一山。
井冈山呵！
祝賀你以前是中國的第一山，
今後永遠是中國的第一山。

谢觉哉
一九五九年三月五日

谢觉哉

曾任最高人民法院院长、全国政协副主席、中共中央候补委员等职。

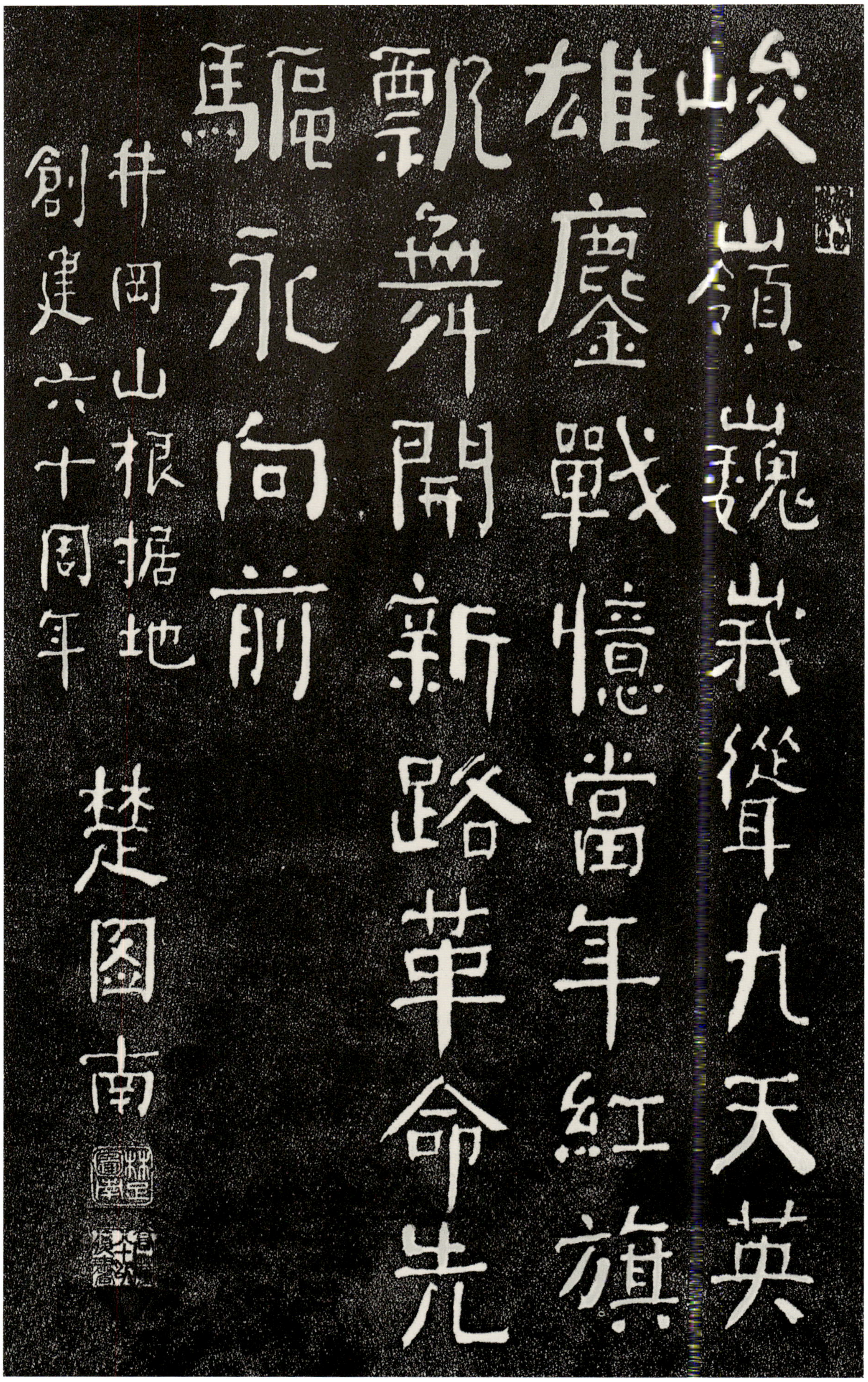

楚图南

曾任中国人民对外友好协会会长、民盟中央主席、全国政协常委、全国人大常委会副委员长等职。

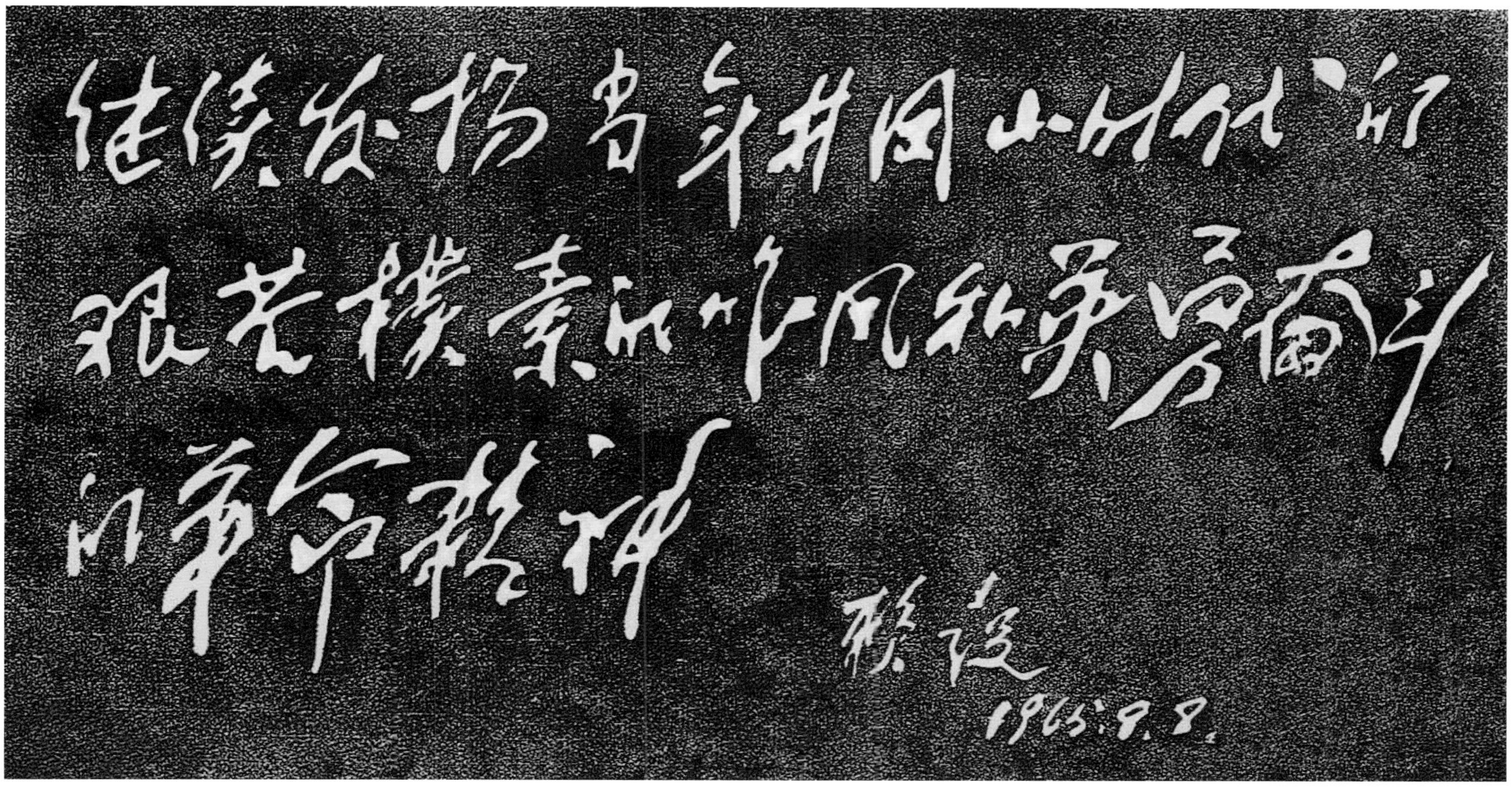

赖　毅

参加了井冈山革命根据地的创建。曾任华东军区干部部第一副部长、南京军区副政委、全国政协常委等职。

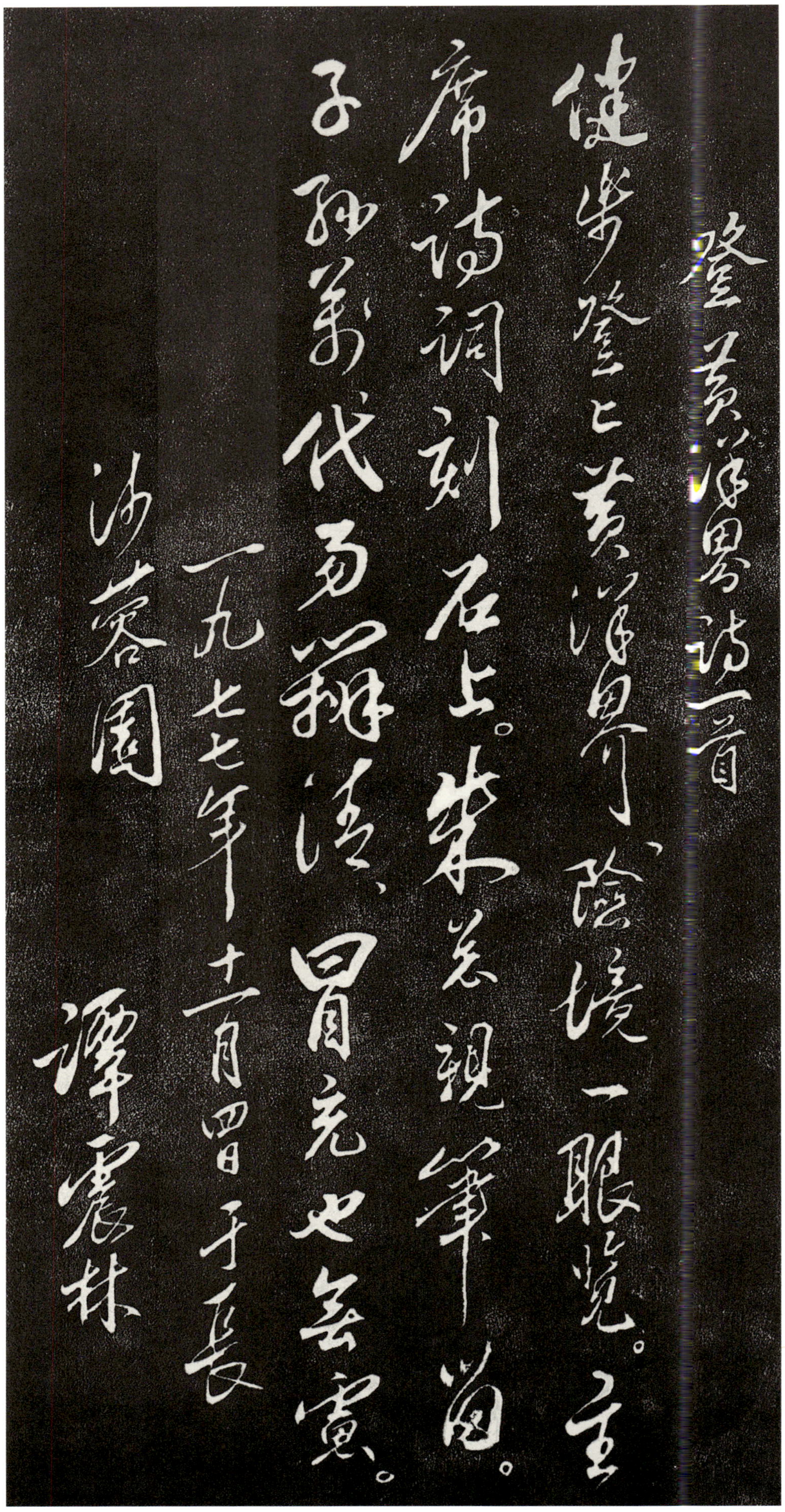

谭震林

井冈山革命根据地第一个县工农兵政府主席。曾任国务院副总理、全国人大常委会副委员长、中共中央政治局委员等职。

井冈山墨迹选

革命策源地
神州第一山
茨坪雙日出
哨口五星環
戰畧天能觀
雄心地可翻
紅旗傳四海
永展碧雲間
一九六五年
七月一日訪
井岡山于立羣

于立群

著名书法家、诗人。

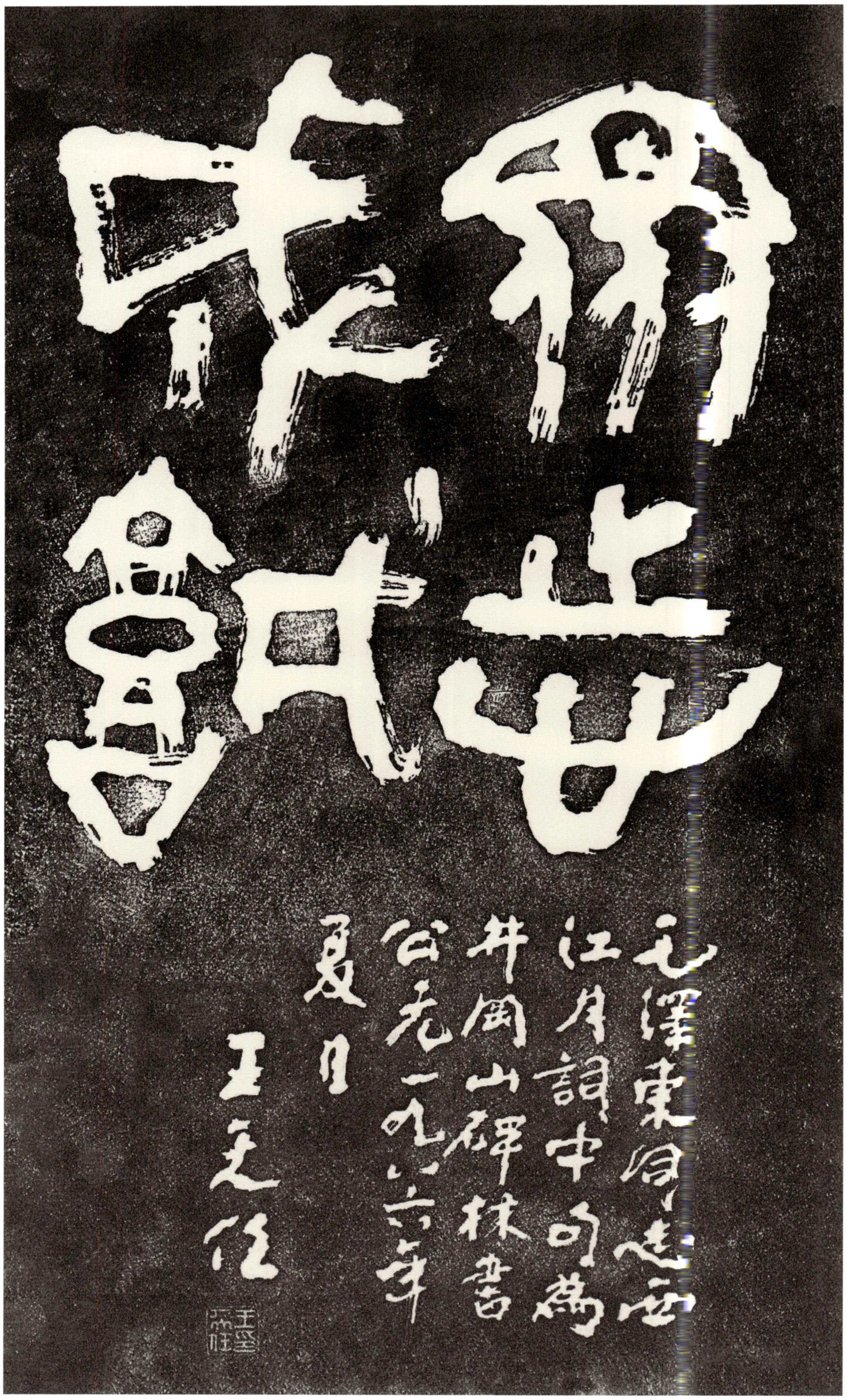

王天任

陕西省雕塑创作室主任、陕西省美协常务理事。

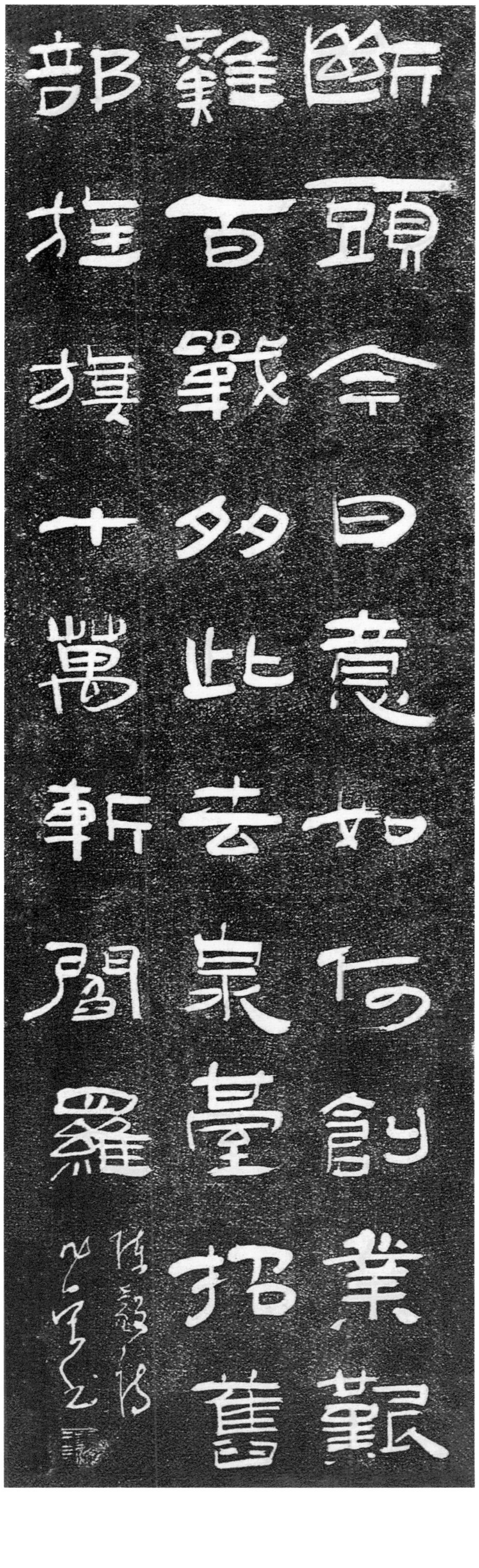

王兆荣

中国美协会员、江西省书协常务副主席。

王遐举

中国书协理事、北京中山画社副社长、
中国美术馆研究馆员。

方去疾

中国书协副主席、上海文联副主席、西泠印社副社长。

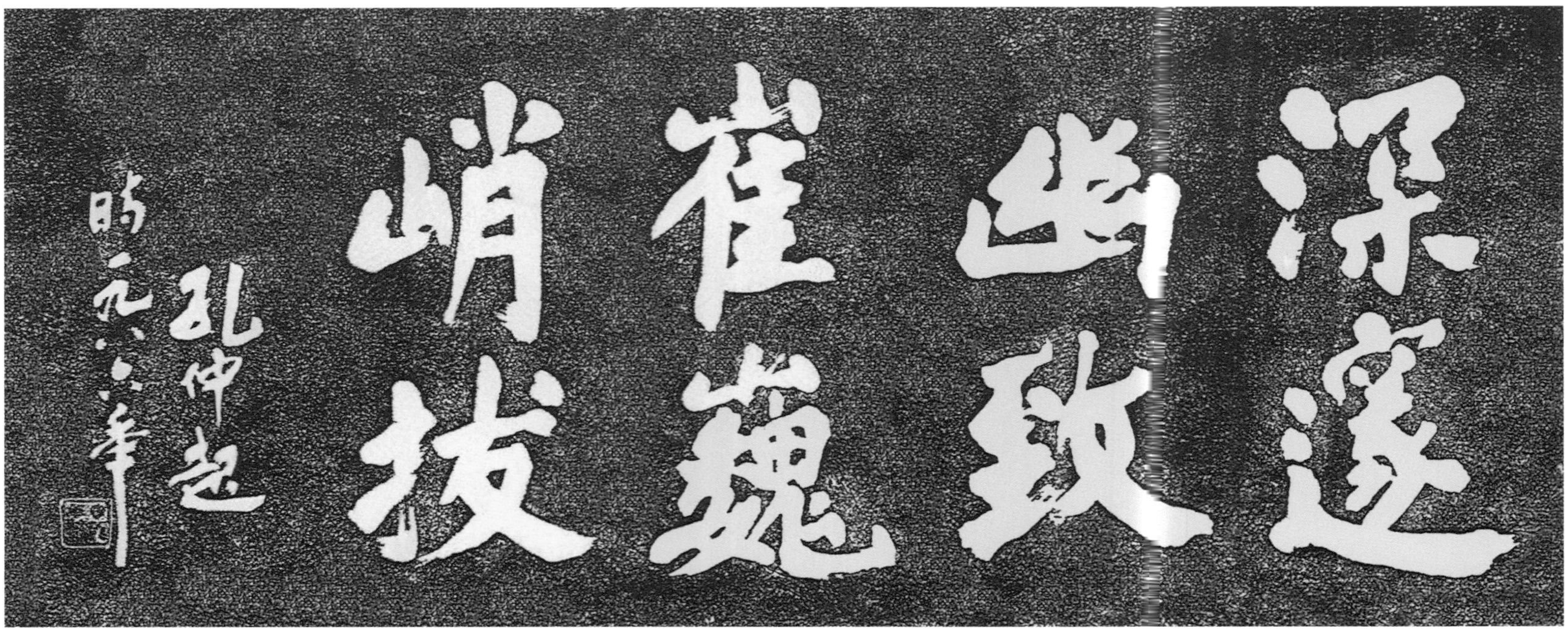

孔仲起

中国美术学院教授、著名书法家、国画家。

朱学达

中国书协会员、山东省书协副主席。

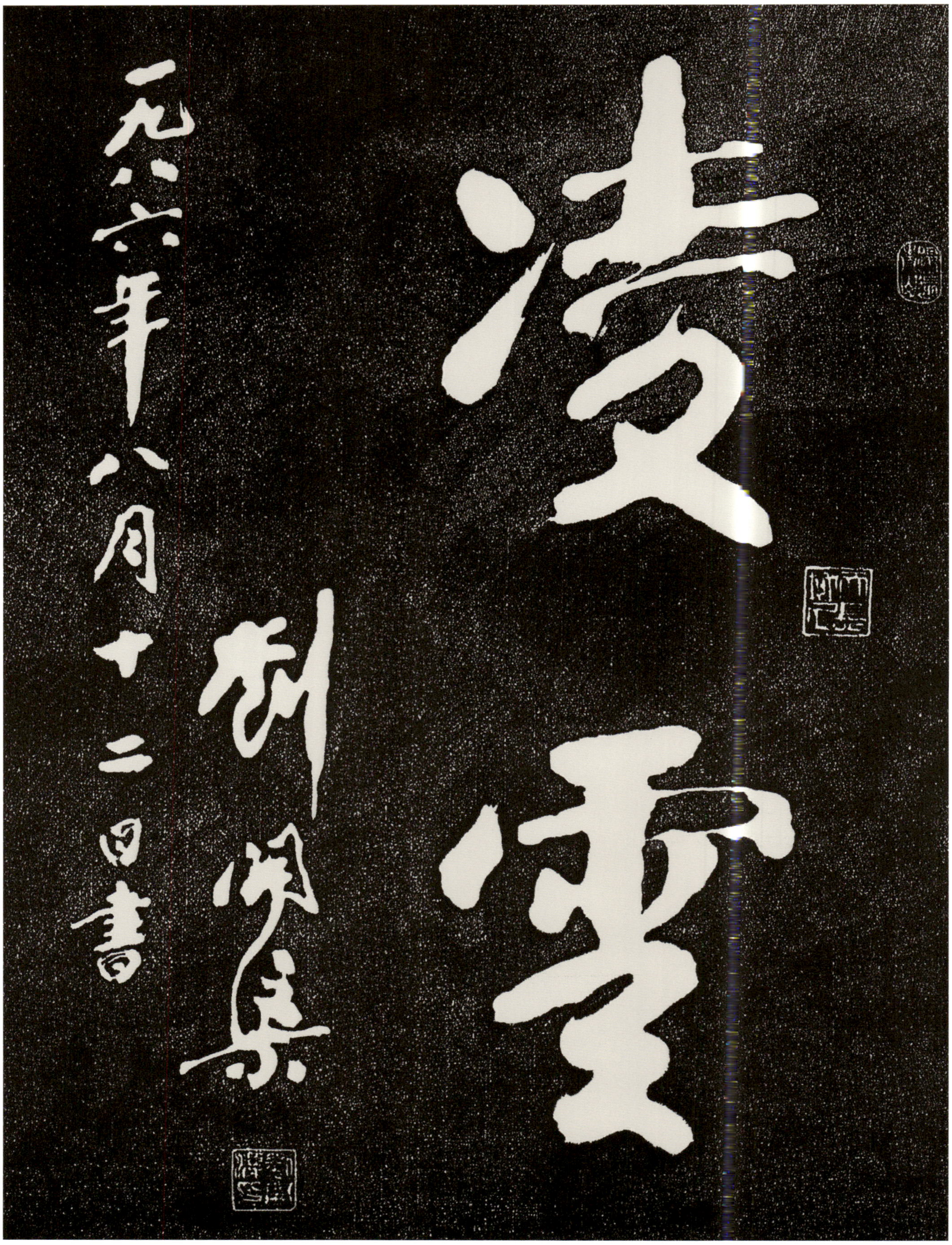

刘开渠

著名雕塑家。曾任中国美协副主席 、中国美术馆馆长、全国政协常委等职。

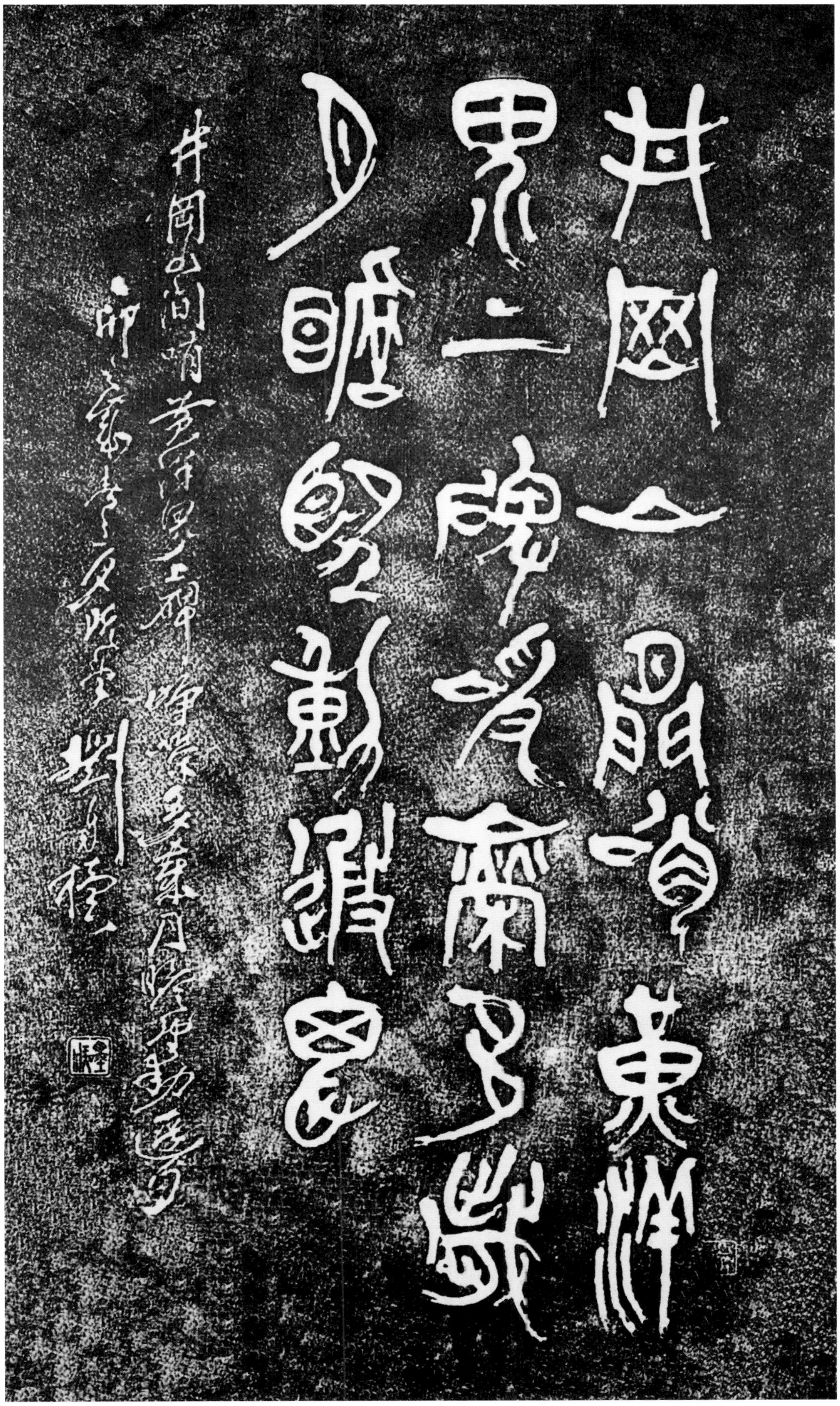

刘自椟

中国书协常务理事、陕西省书协主席。

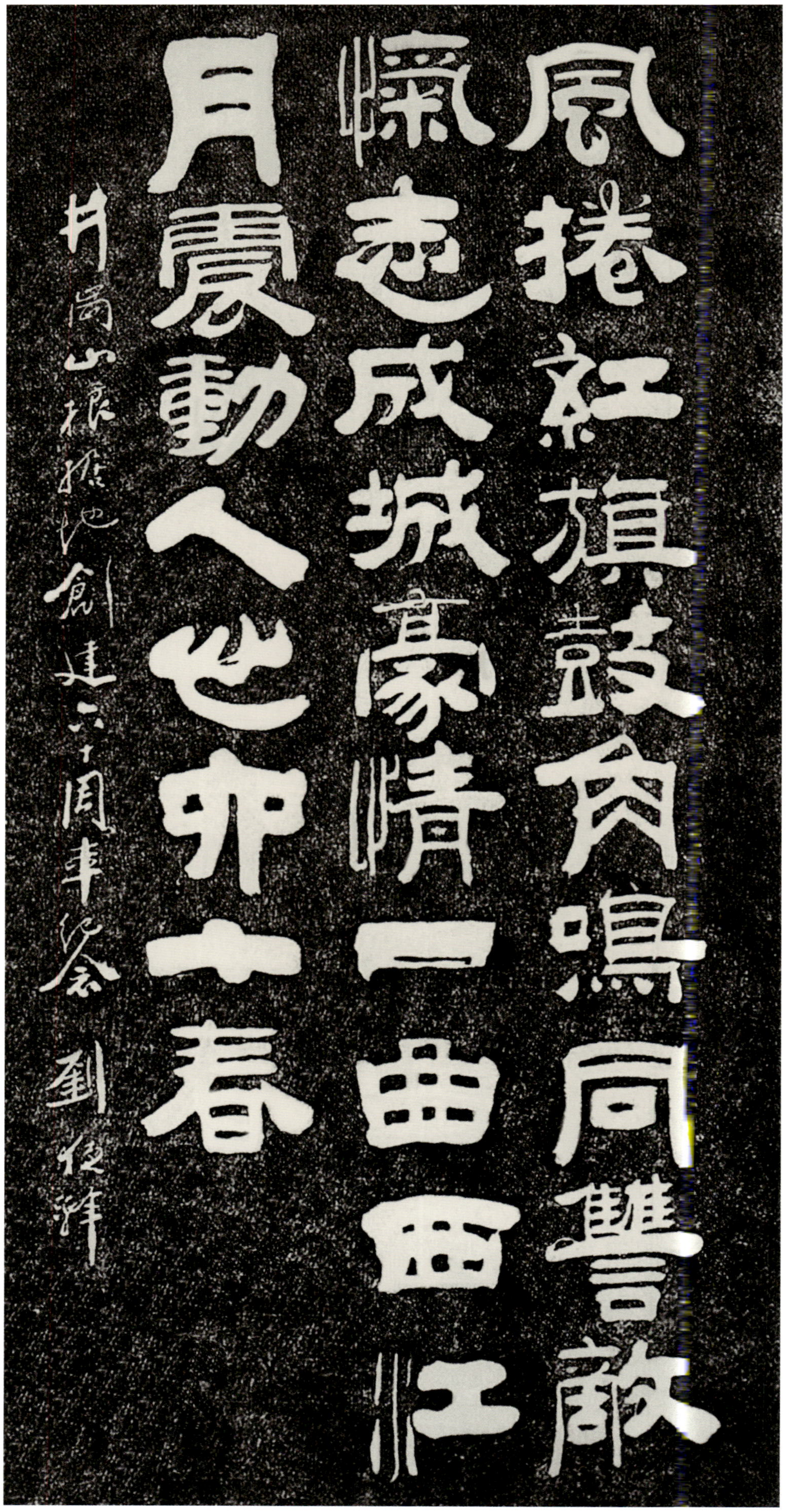

刘夜烽

中国书协理事、安徽省书协名誉主席。

玛拉沁夫

著名作家、诗人。曾任中国作协党组书记。

李　铎

中国书协副主席、中国人民革命军事博物馆研究员。

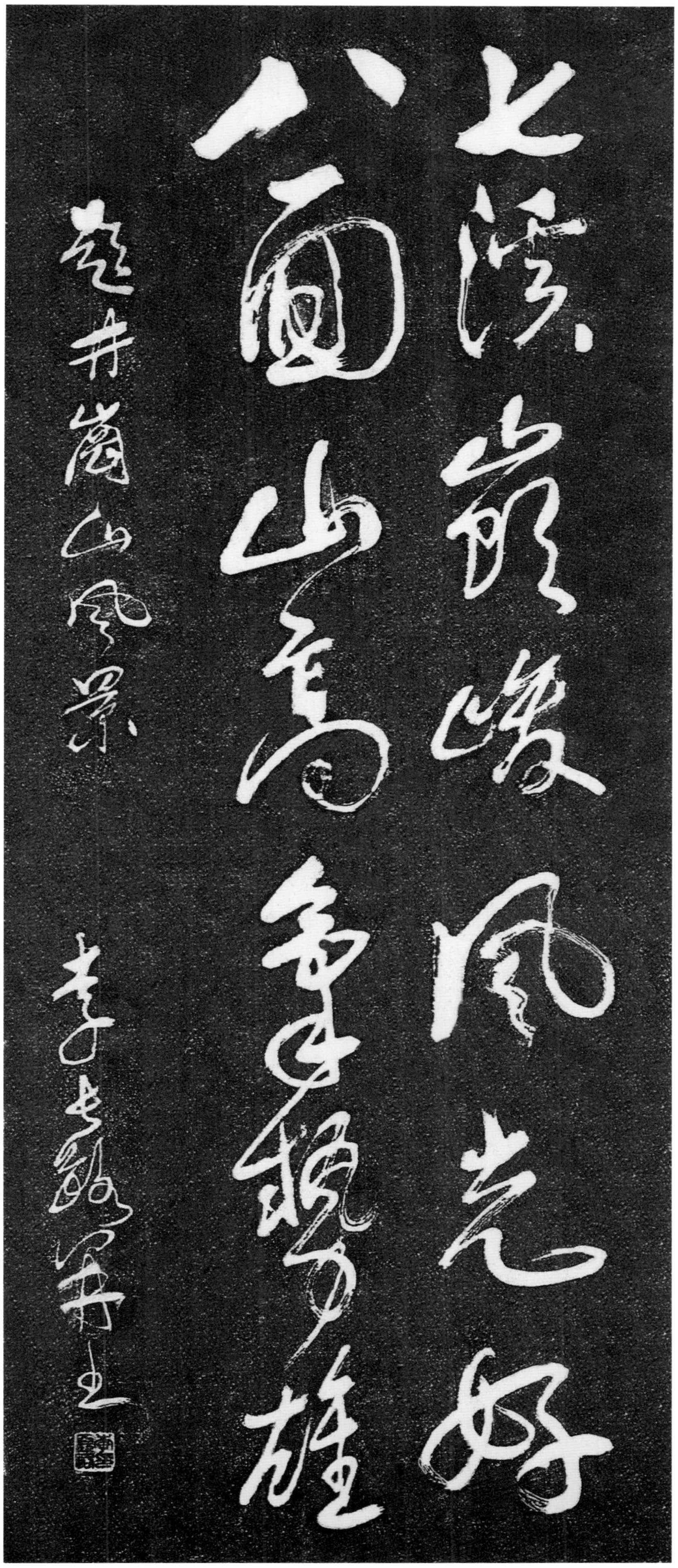

李长路

中国书协常务理事、北京图书馆顾问。

李百忍

中国书协理事、安徽省书协主席。

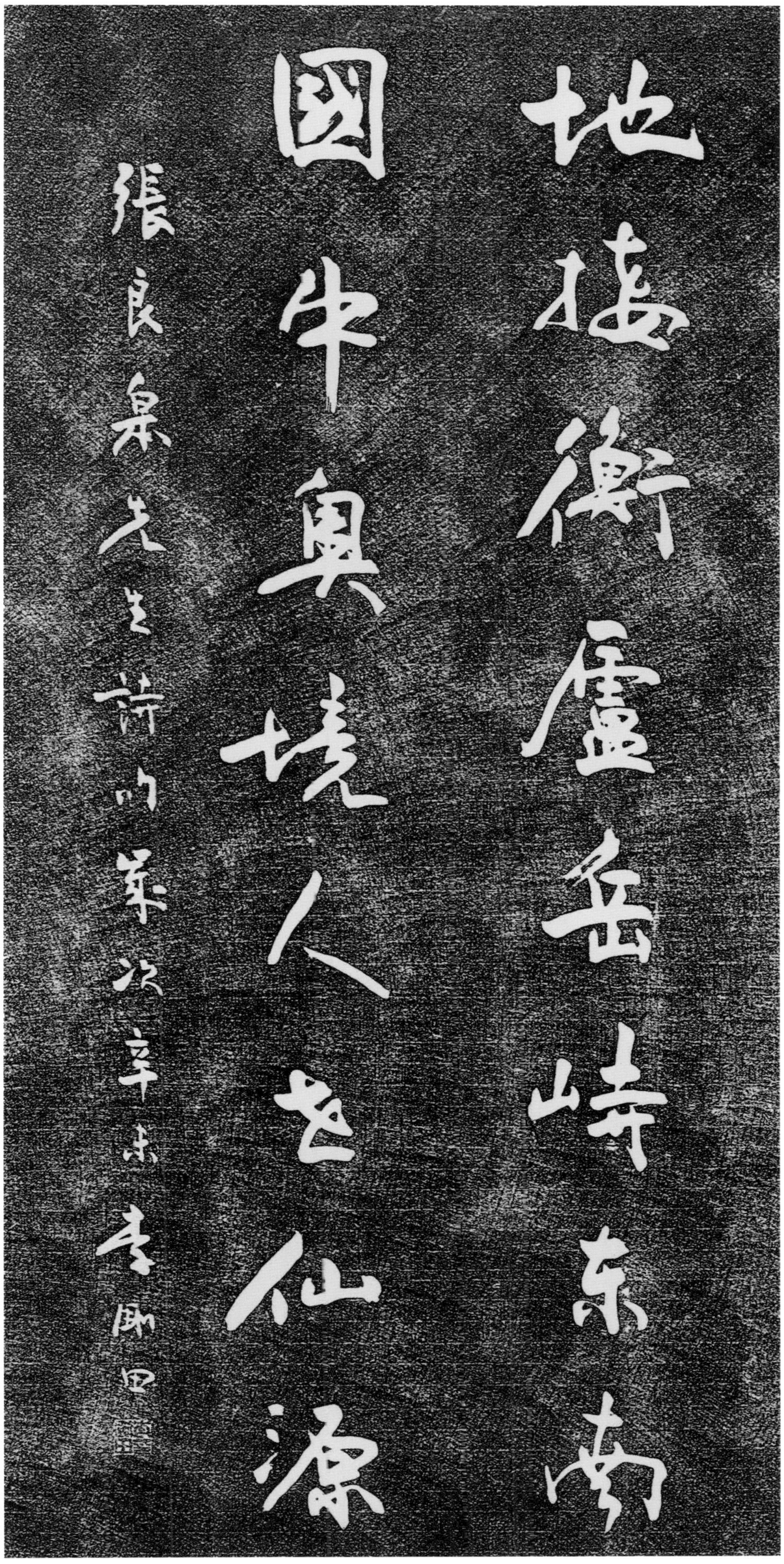

李刚田

中国书协理事、郑州市文联常务副主席。

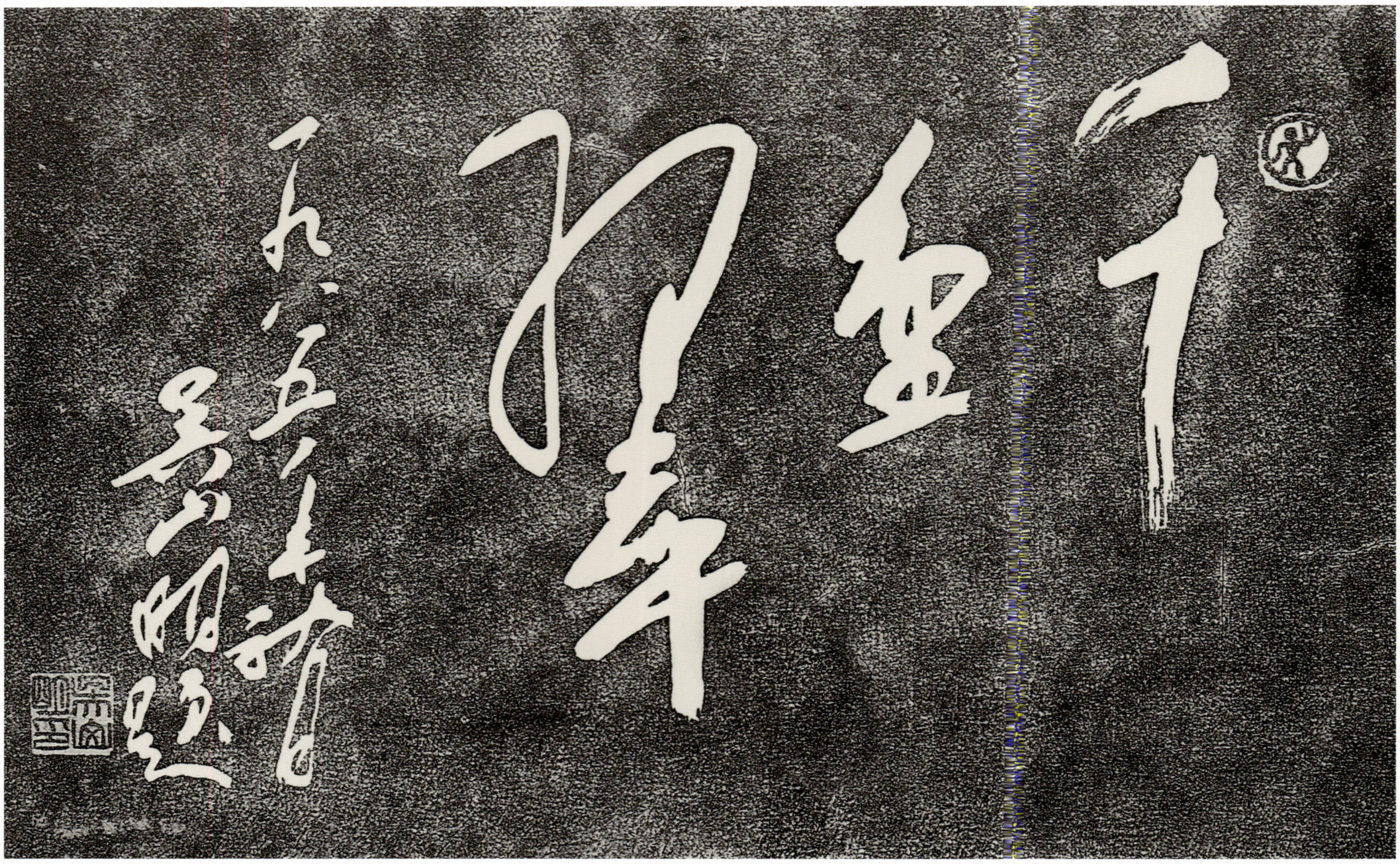

吴山明

著名国画家。中国美协会员、中国美术学院国画系主任、教授。

邹振亚

中国书协理事、山东省书协常务副主席。

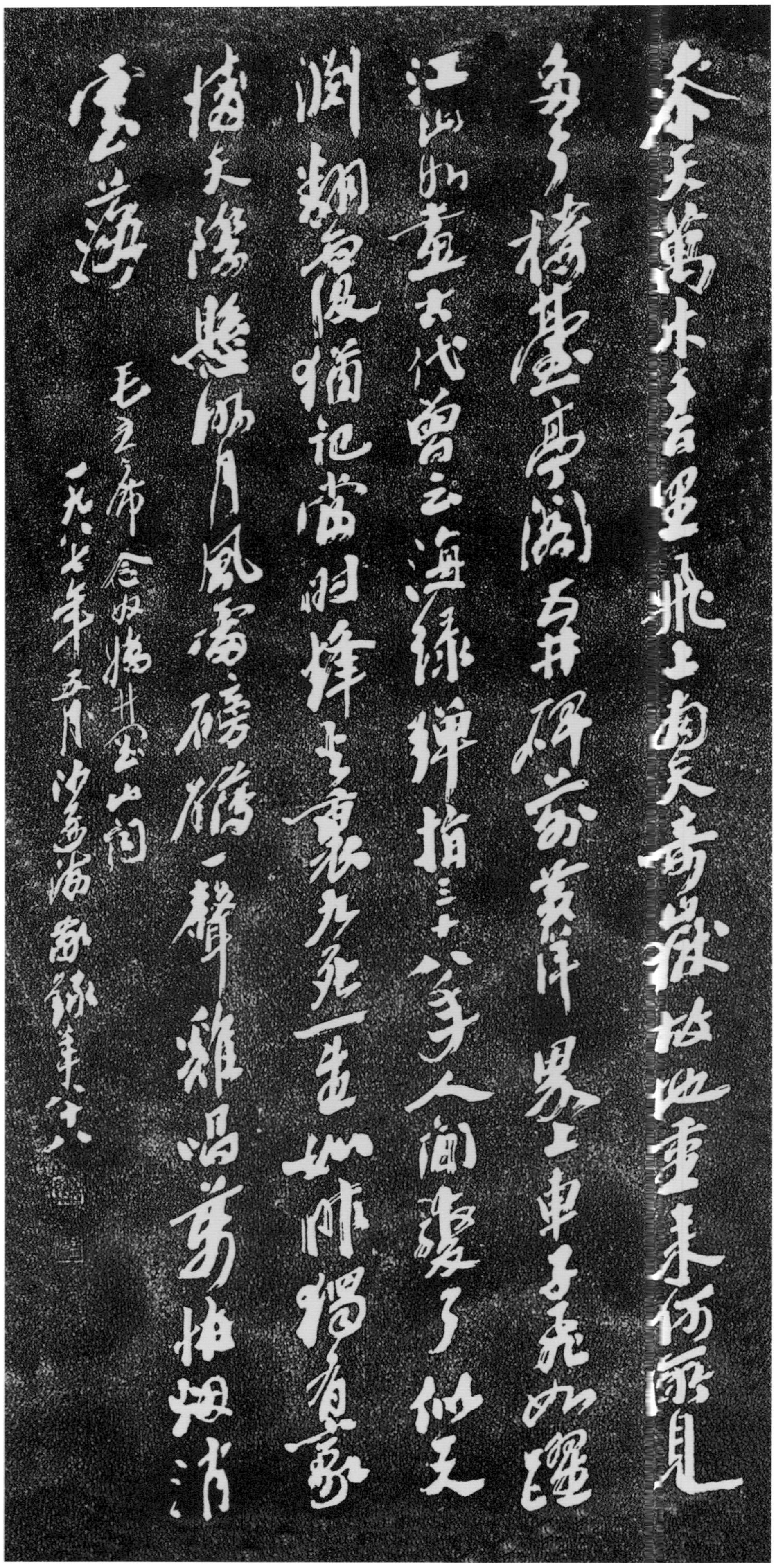

沙孟海

著名书法家。曾任浙江省美协副主席、西泠印社社长、西泠画院院长等职。

沈　鹏

著名书法家。中国书协代主席、中国美协常务理事。

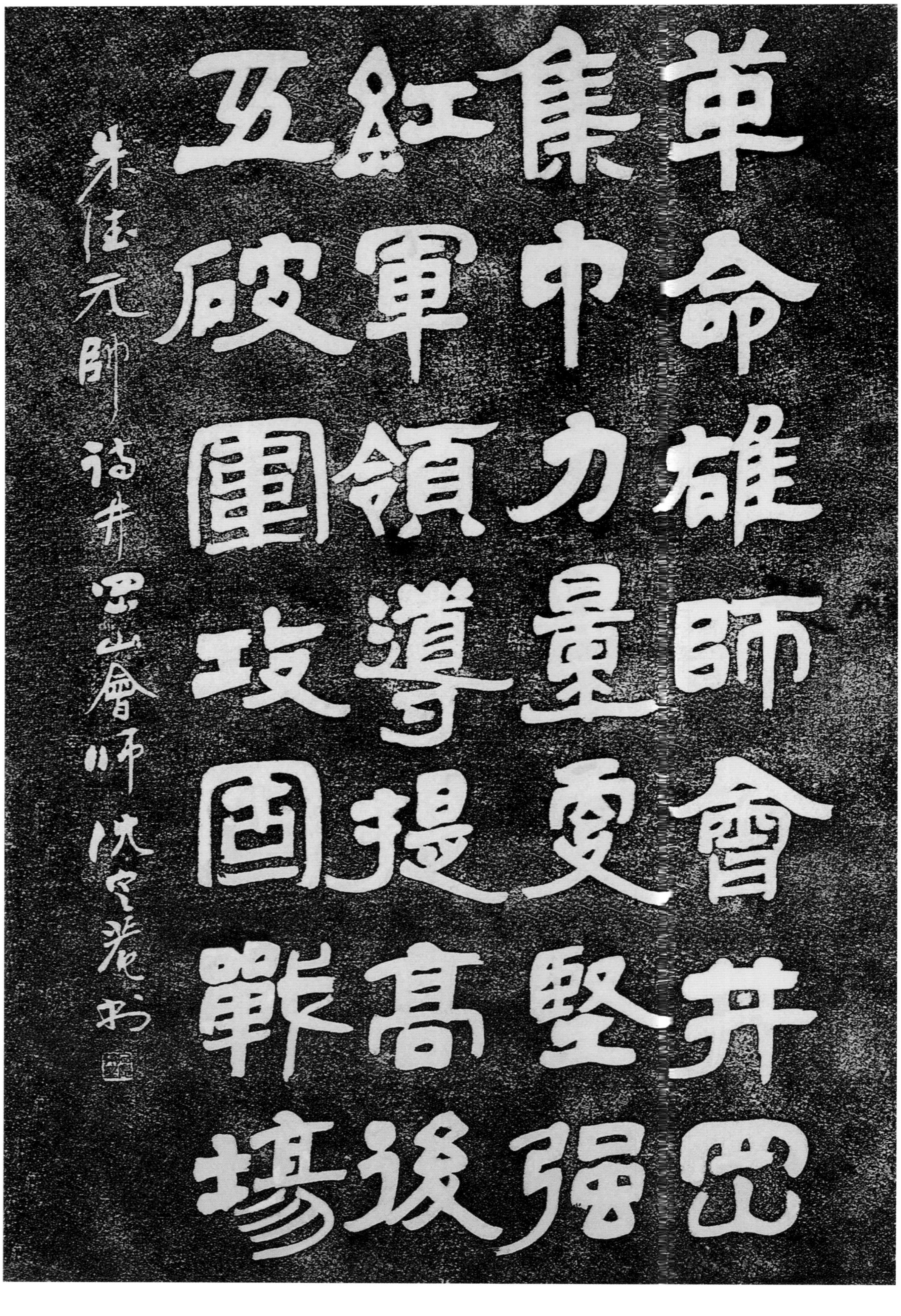

沈定庵

中国书协理事、浙江省书协副主席、中国美术学院副教授。

张子正

中国人民革命军事博物馆雕塑创作室政委。

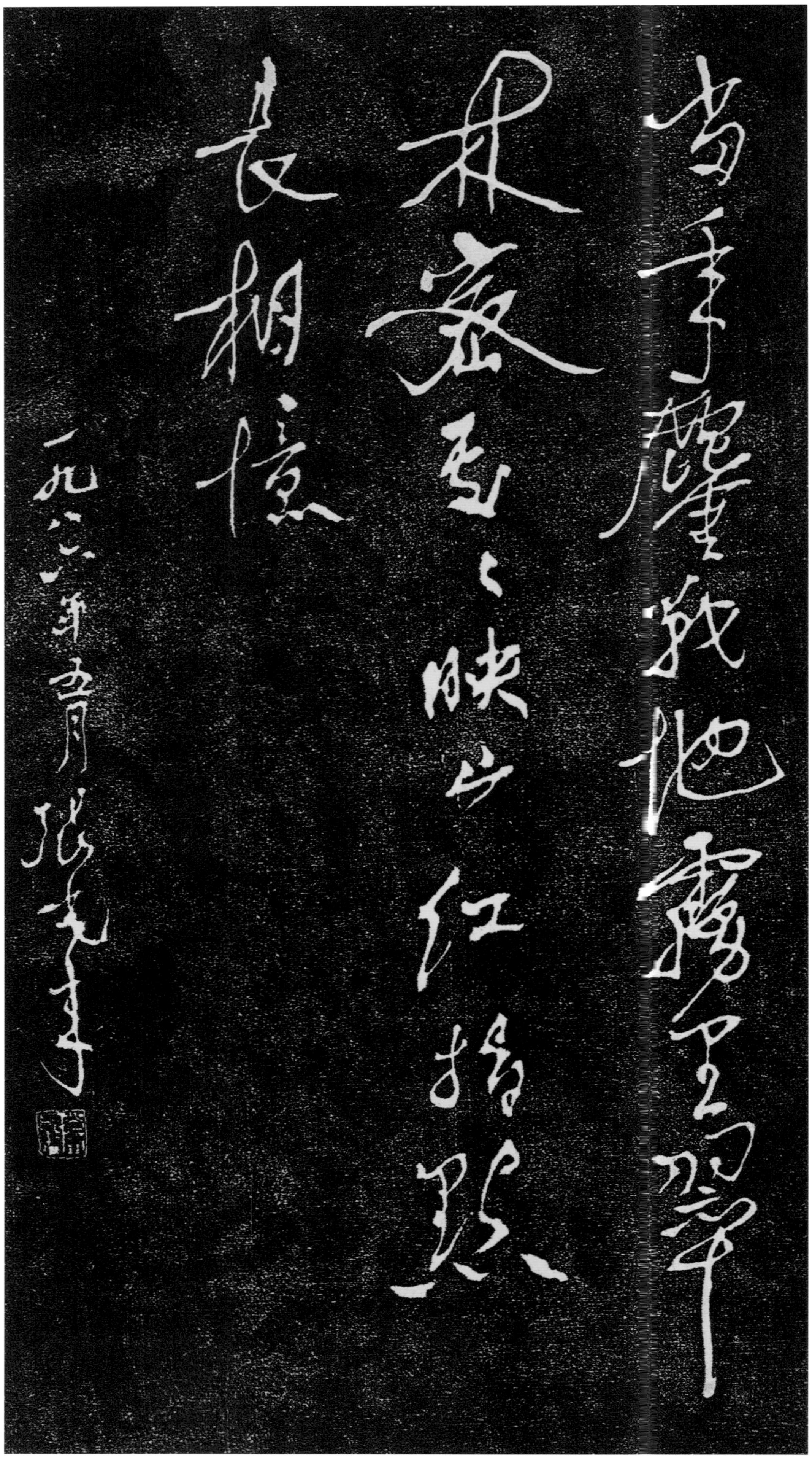

张光年

曾任《人民文学》主编、中国作协副主席等职。

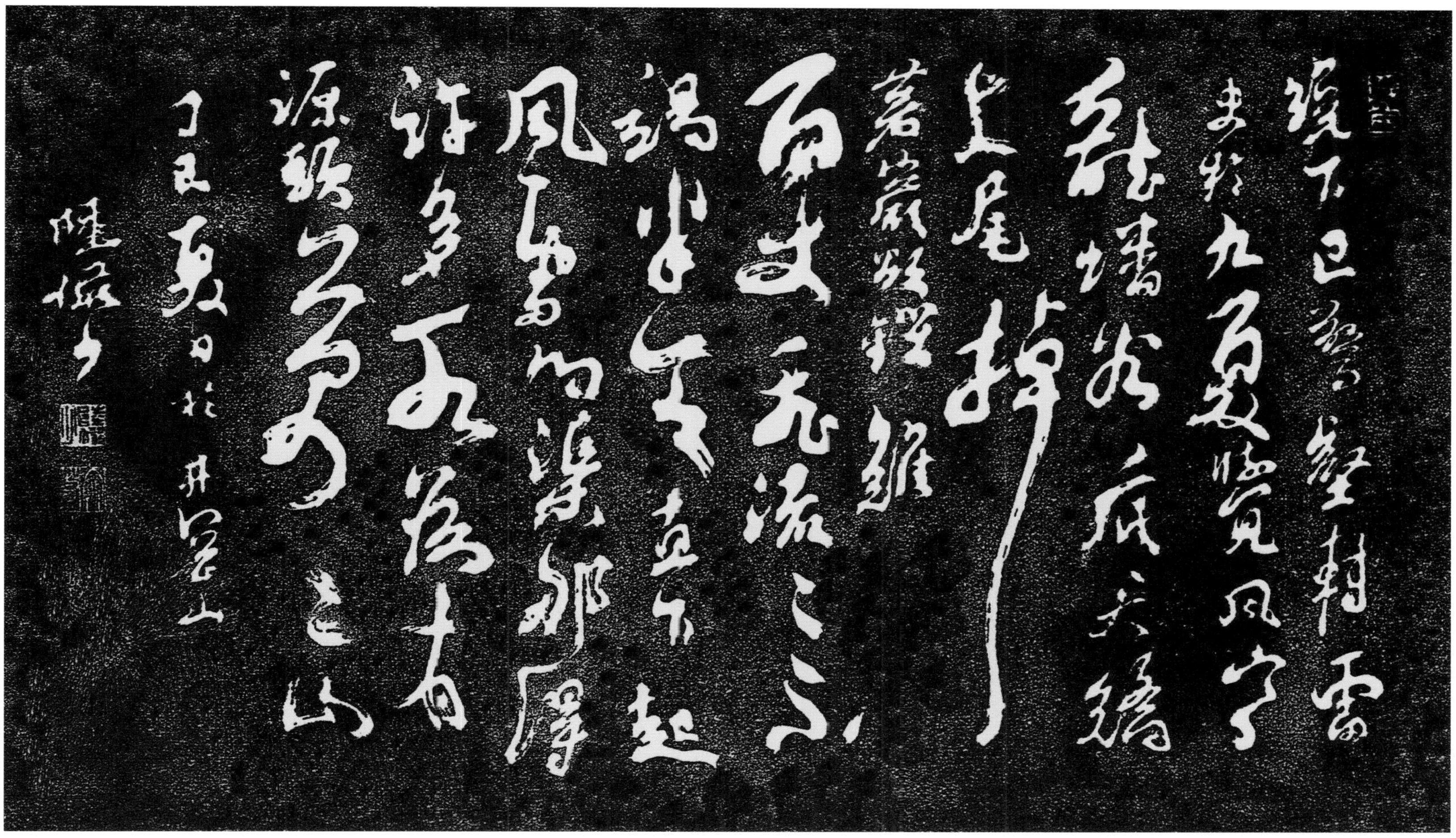

陆俨少

著名国画家、书法家。浙江画院院长、中国美协理事。

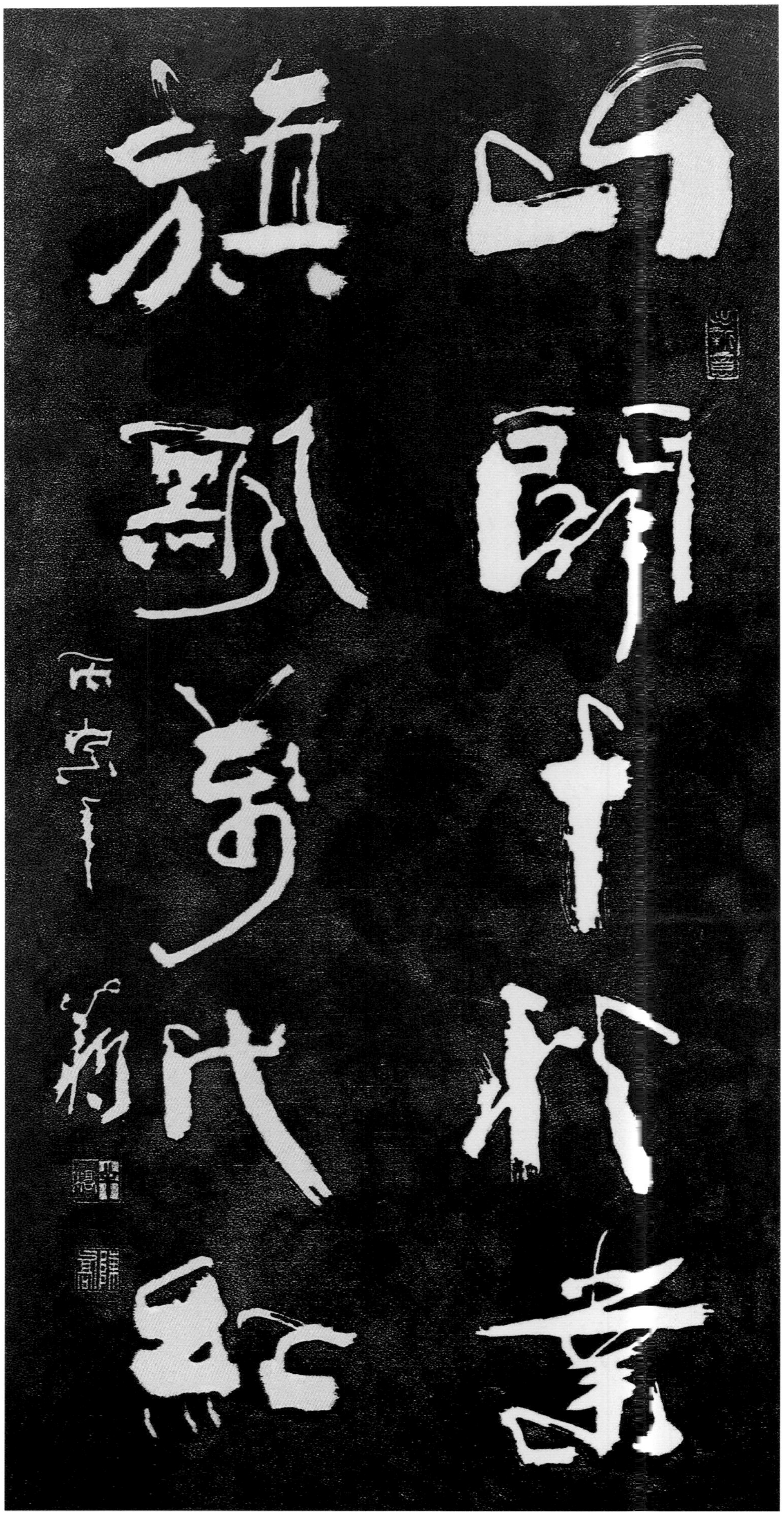

陈　乔

曾任中国革命历史博物馆副馆长。

陈大羽

著名国画家、书法家。中国书协常务理事、南京艺术学院教授。

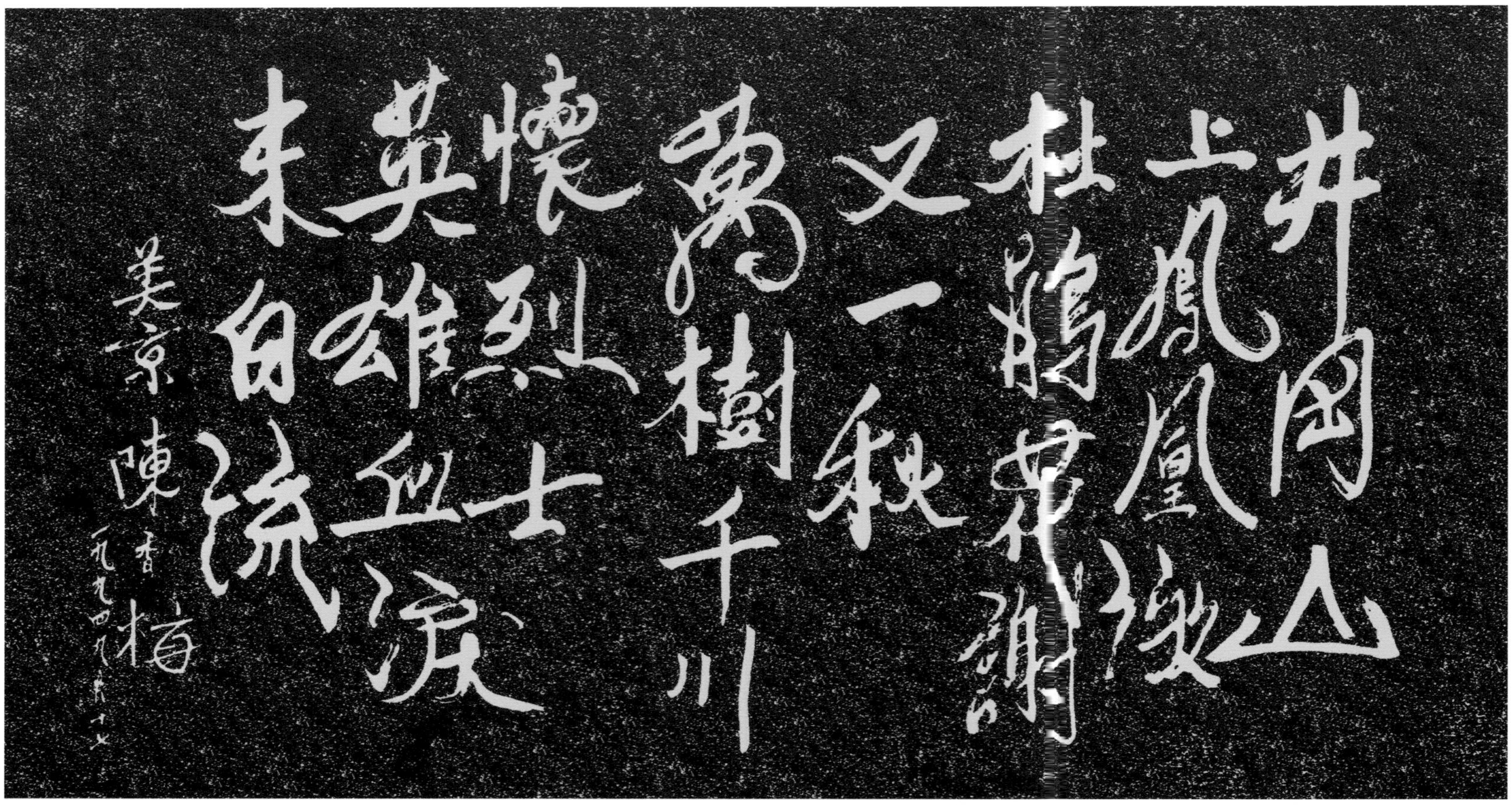

陈香梅

华裔著名女作家。

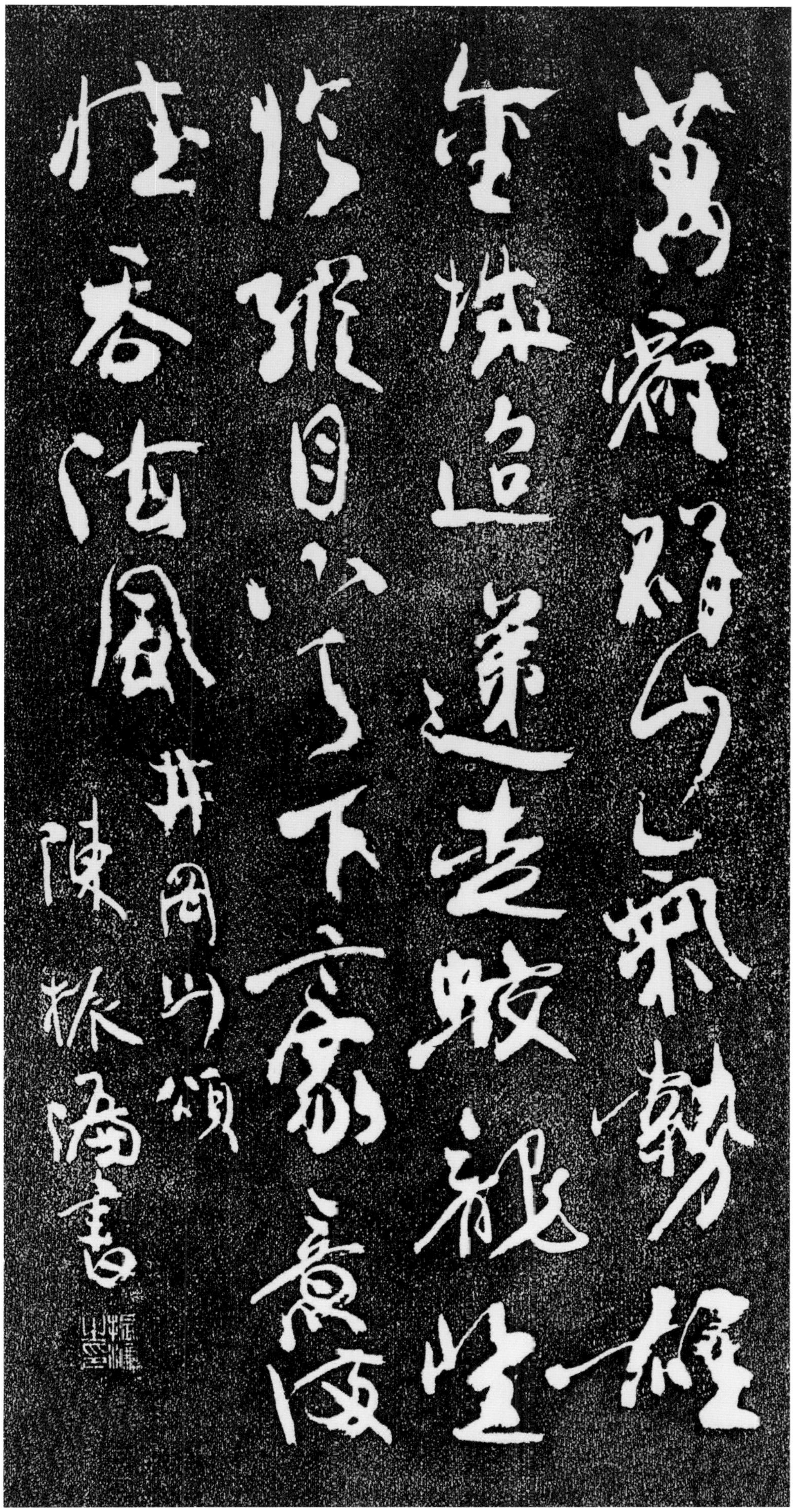

陈振濂

中国书协会员、中国美术学院教授。

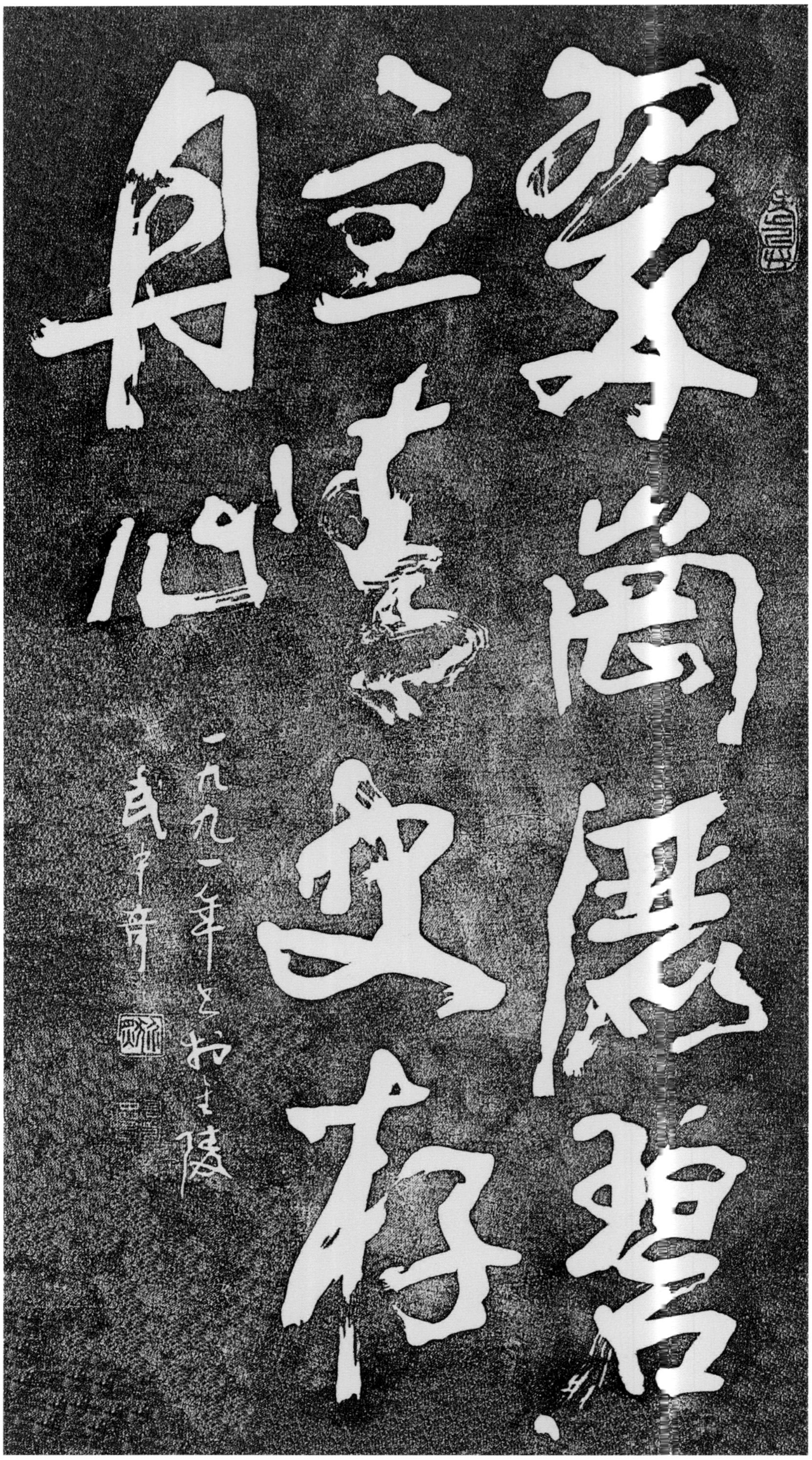

武中奇

中国书协理事、江苏省书协主席。

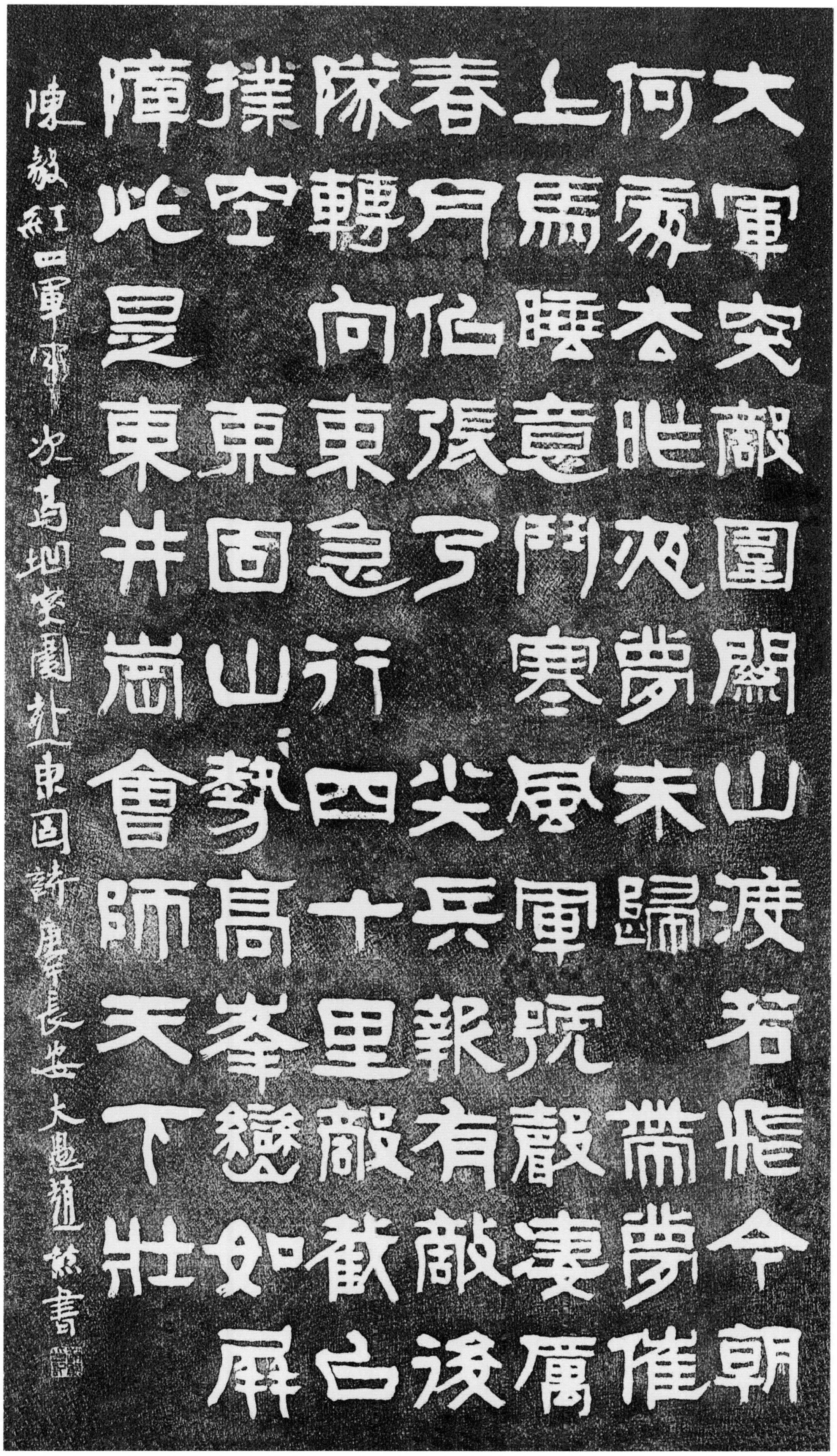

赵　熊

中国书协会员、西安市书协副主席。

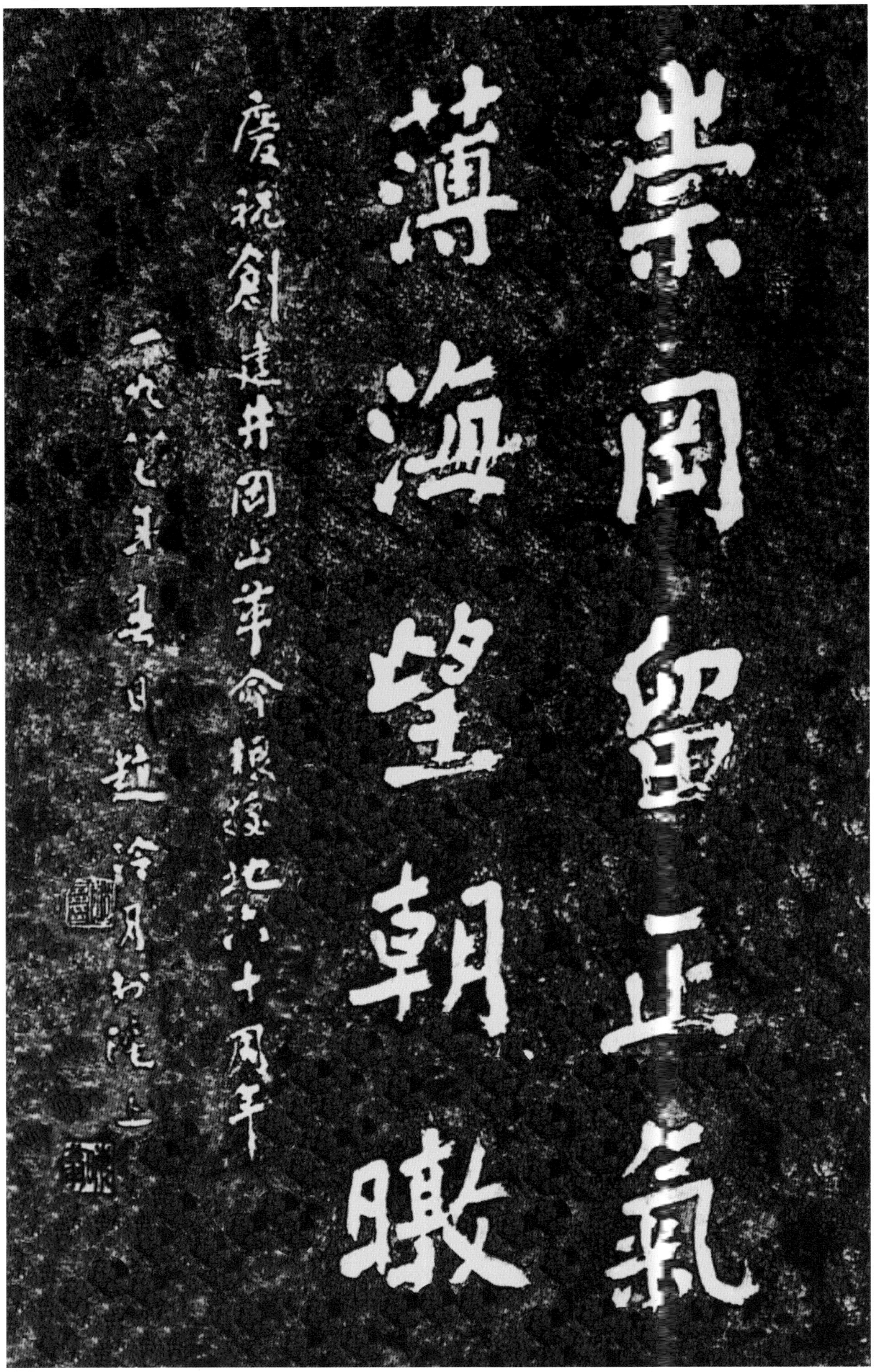

赵冷月

中国书协会员、上海市书协常务理事。

赵绪成

中国书协会员、江苏省书协副主席、江苏国画院院长。

胡献雅

景德镇陶瓷学院教授。曾任江西省文联副主席、江西书画院名誉院长等职。

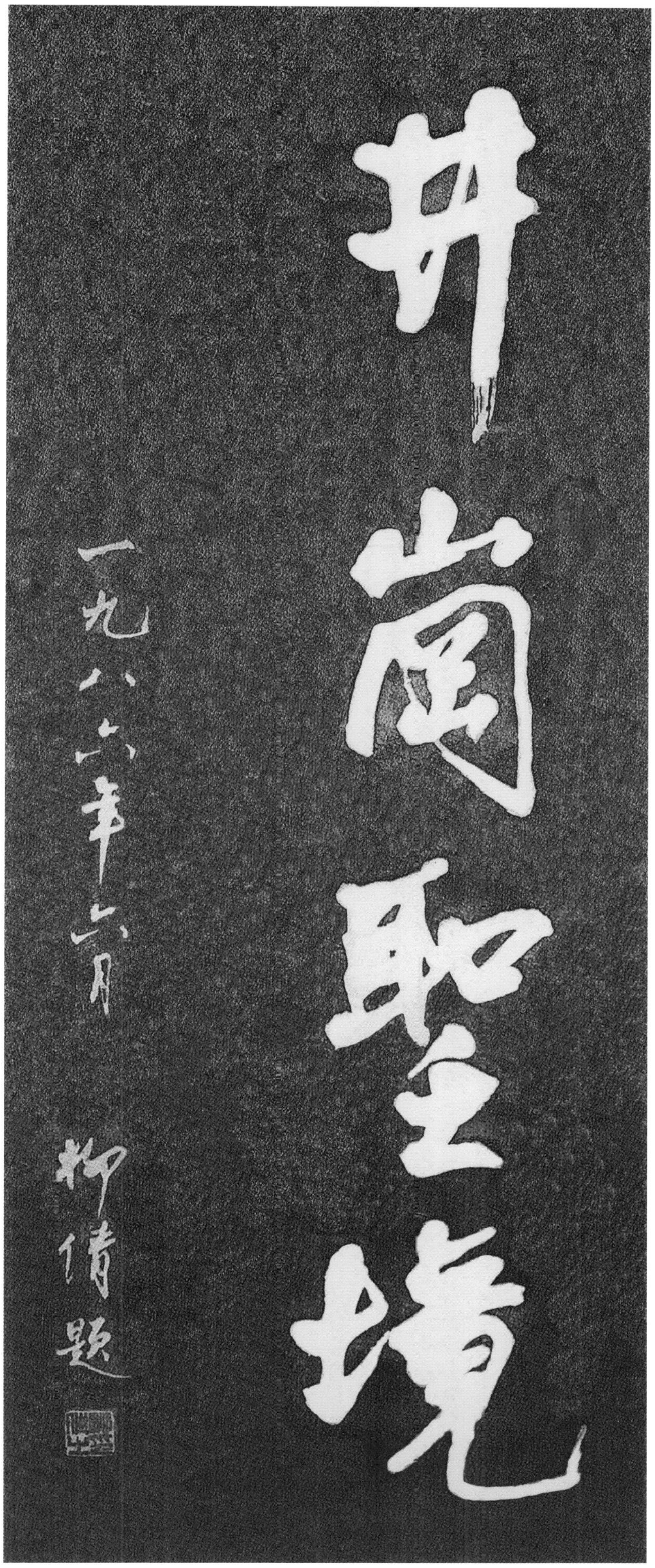

柳　倩

著名诗人、书法家。中国书协常务理事、中国作协常务理事、北京市书协副主席。

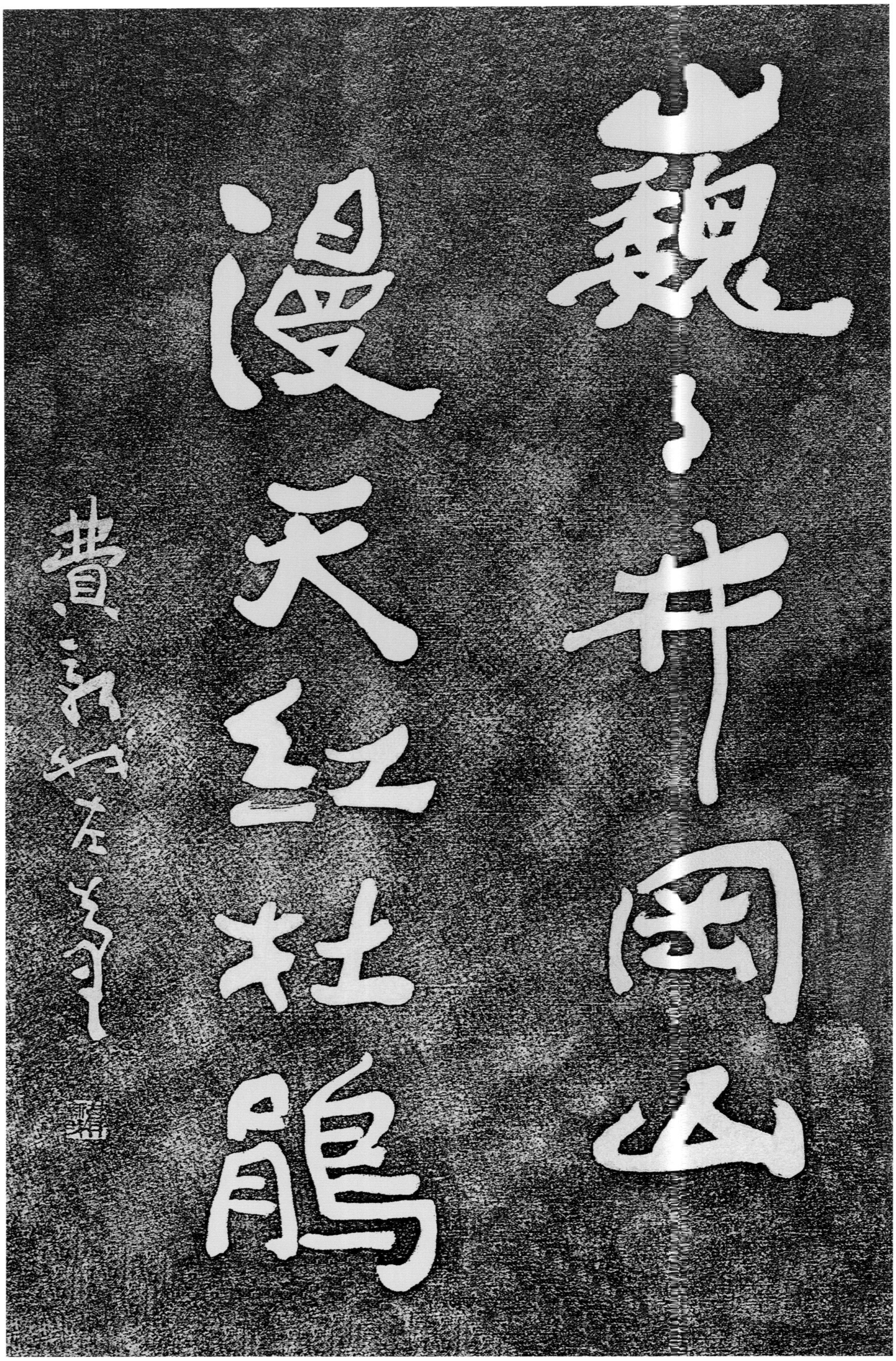

费新我

著名书画家。曾任中国书协理事、江苏省书协顾问、蜀南国画研究院名誉院长等职。

徐本一

中国书协理事、湖北省书协常务副主席。

高小岩

中国书协会员、山东省书协副主席。

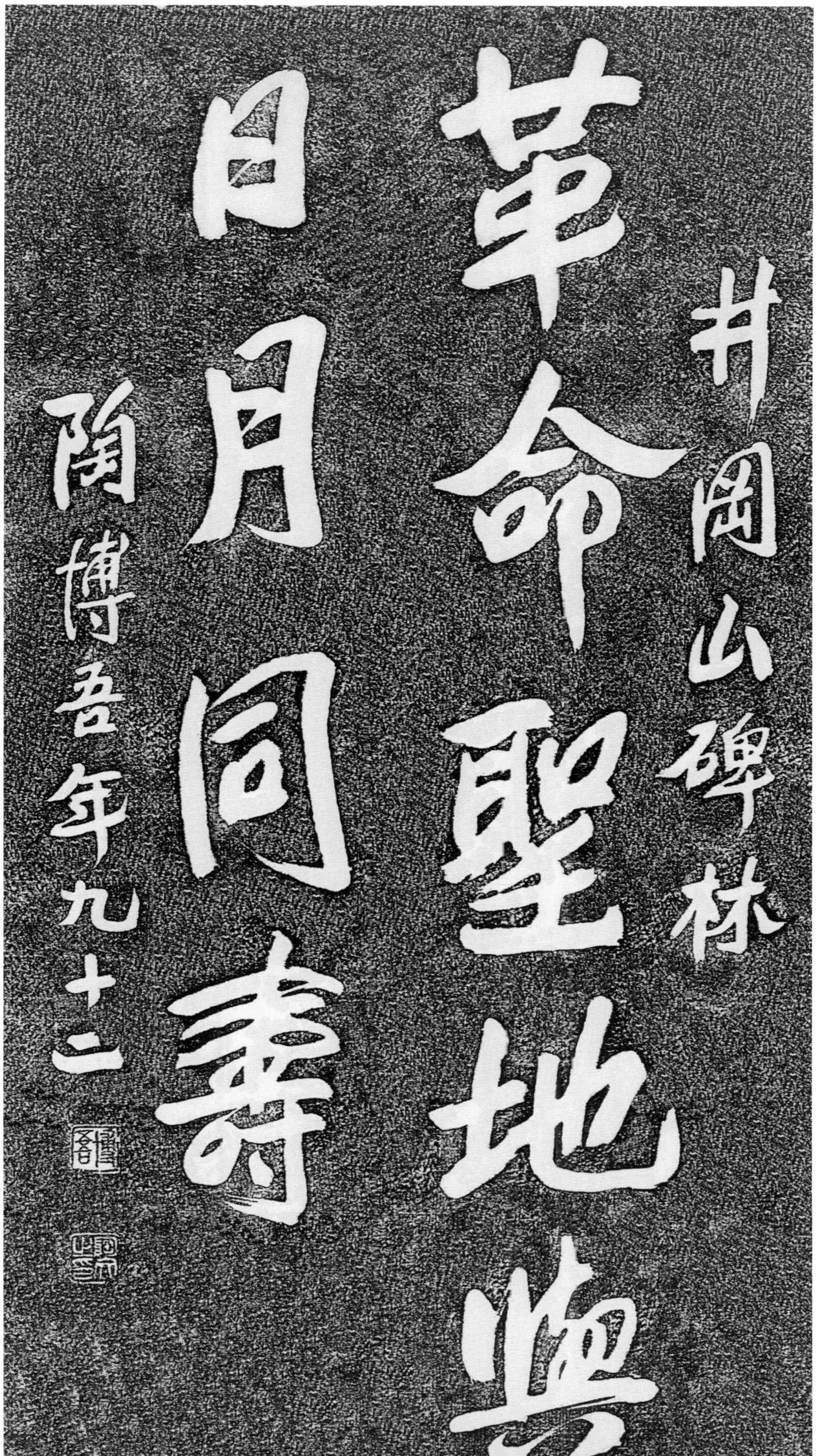

陶博吾

著名书画家。曾任景德镇陶瓷学院名誉院长、教授。

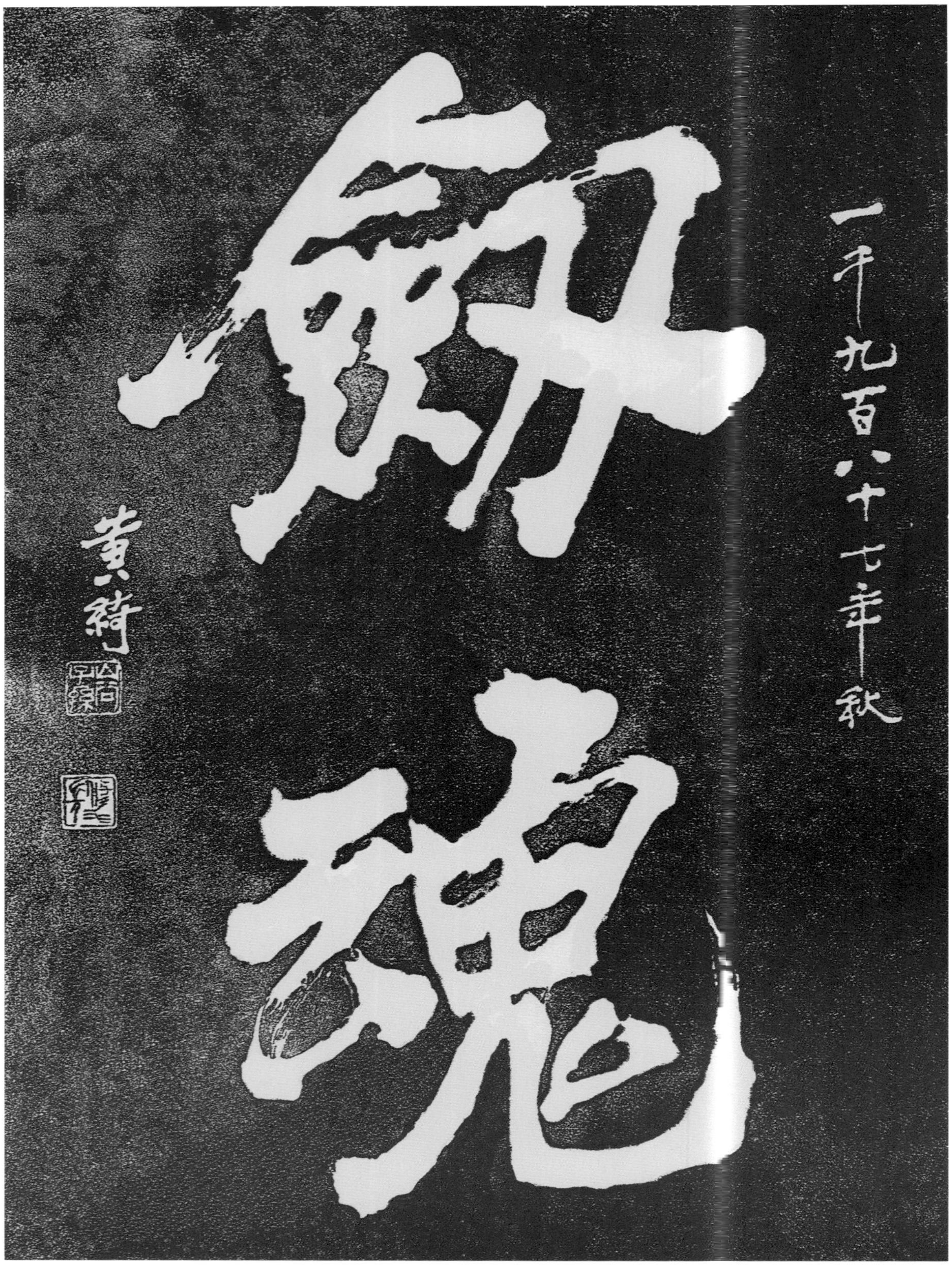

黄　绮

河北大学中文系教授、中国书协副主席、河北省书协主席。

萧　娴

著名书法家。曾任中国书协名誉理事、江苏省书协副主席等职。

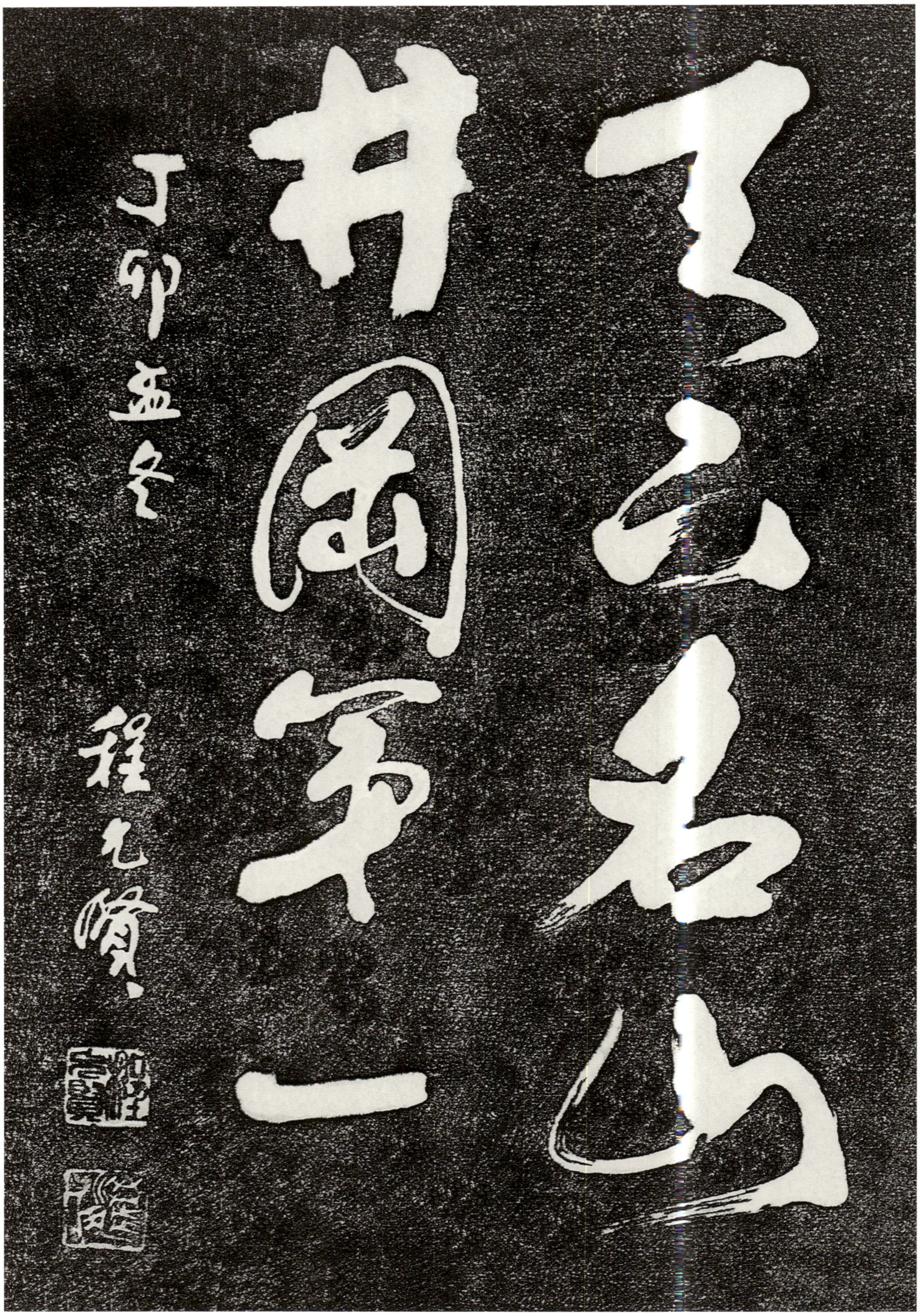

程允贤

曾任中国人民革命军事博物馆雕塑创作室主任、全国城市雕塑规划领导小组秘书长等职。

谢冰岩

中国书协理事、《中国书法》杂志顾问。

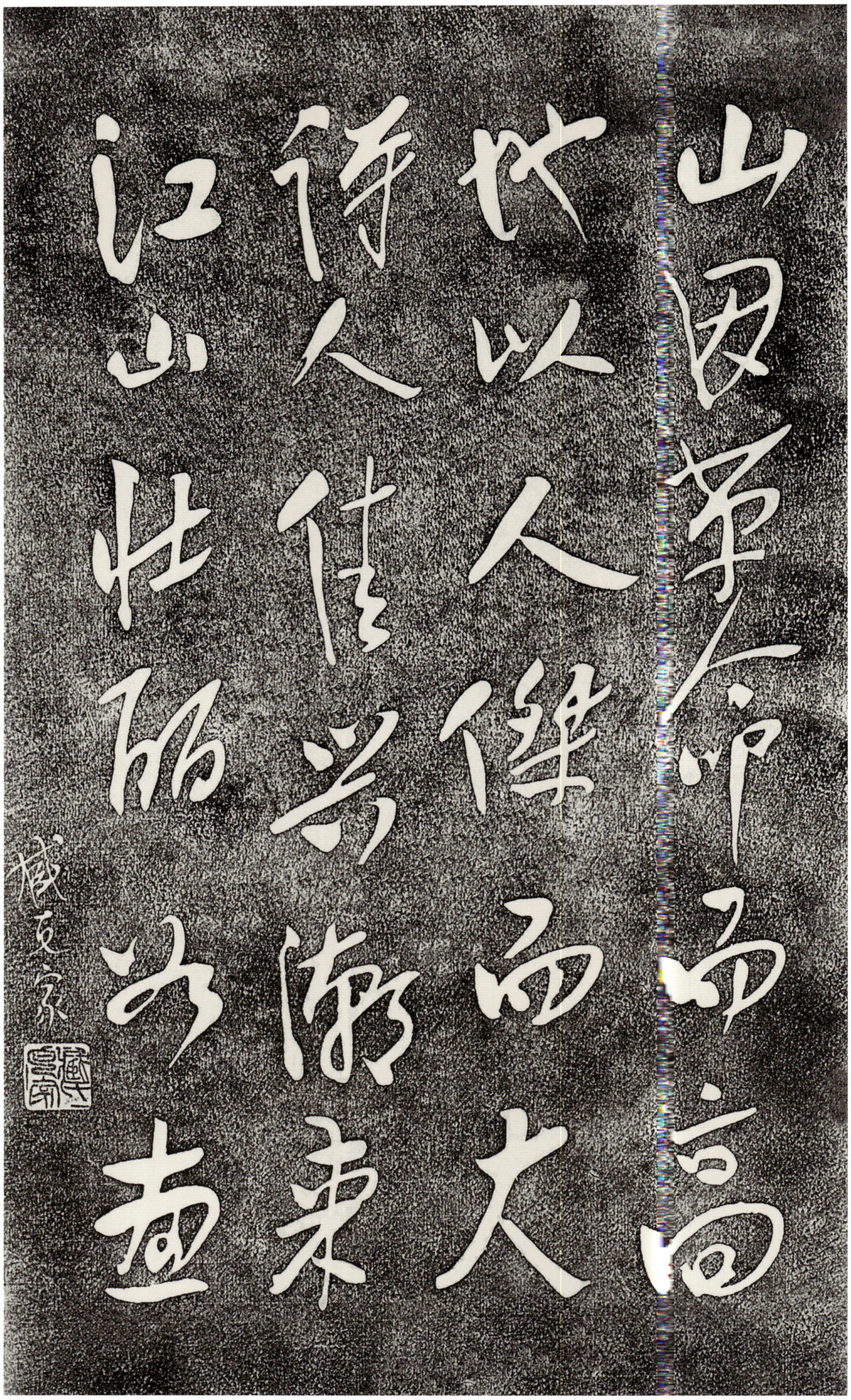

臧克家

著名作家。曾任《诗刊》主编、中国作协理事、全国政协常委等职。

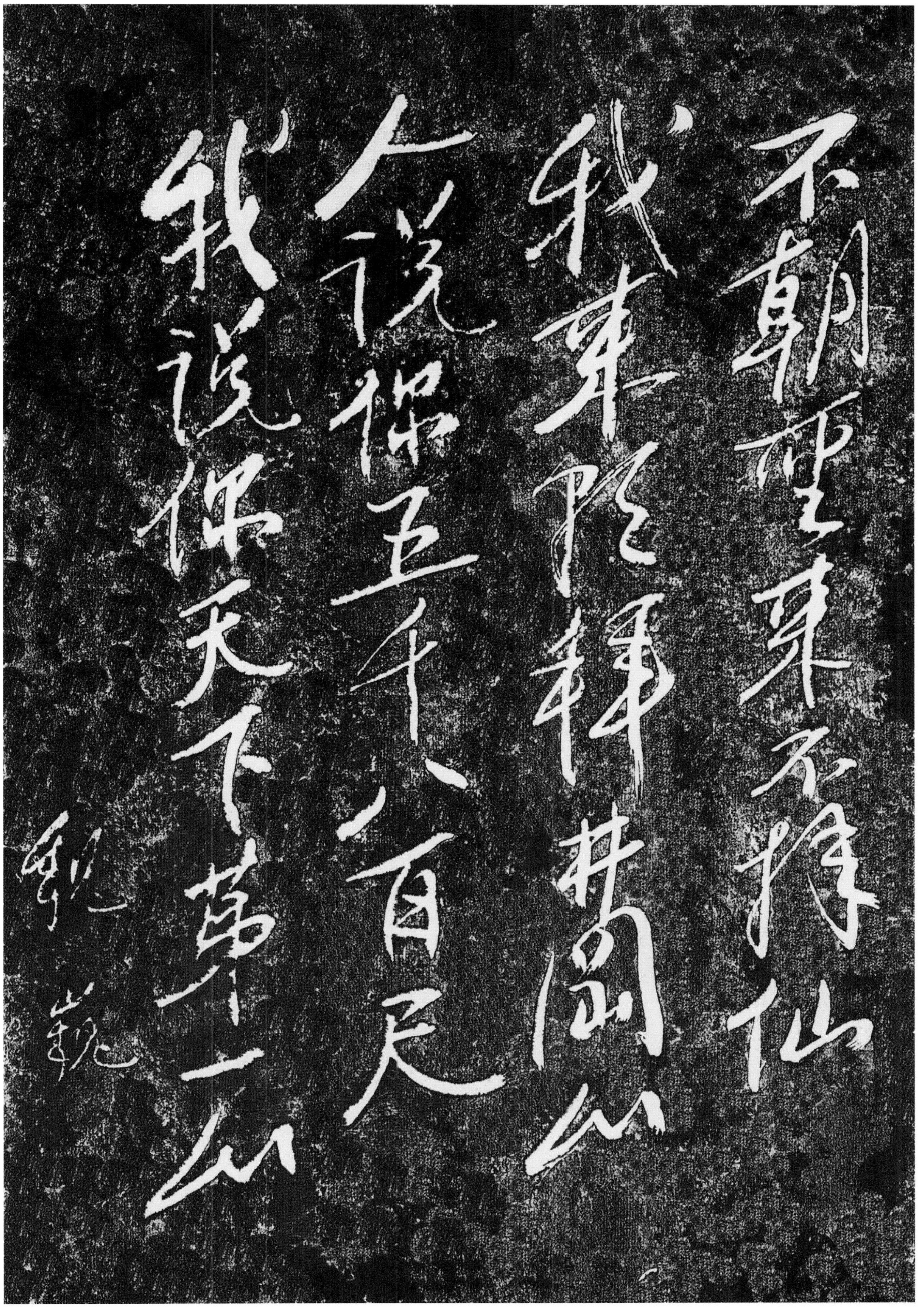

魏　巍

曾任北京军区政治部文化部部长、中国作协理事、全国青联副主席等职。

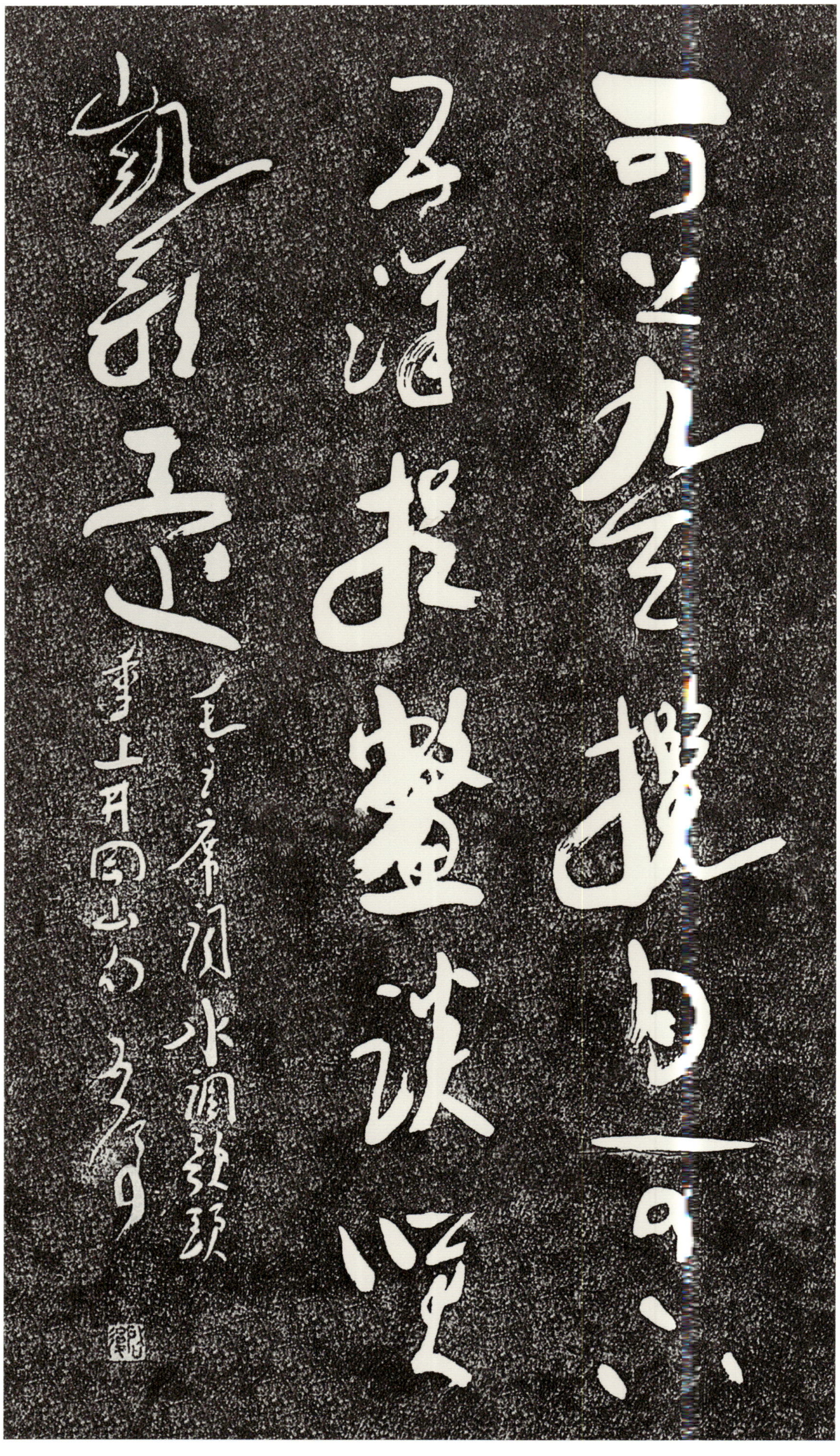

魏启后

中国书协理事、山东省书协副主席。

《井冈山墨迹选》工作人员

萧作贤　年维佳　章华生
郭健生　曾为民　陈　湛
曾宪文　杨敏青　杨　慧

鲁新登字08号

ISBN 7-5436-1733-1

9 787543 617339 >

书名题签：陈　云

编辑装帧：刘　咏
王一方
范开玉

书　　名：井冈山墨迹选

主　　编：徐　诚
鲍甫生

出　　版：青岛出版社
（青岛市徐州路77号，
邮编266071）

发　　行：新华书店北京发行所

制版印刷：珠海海洋电脑输出中心
珠海华电印务有限公司

出版时间：1997年10月第1版
1997年10月第1次印刷

开　　本：8开（787x1092mm）

印　　张：18.5

印　　数：1-5000

标准书号：ISBN7-5436-1733-1/J·65

定　　价：360.00元（豪华精装）
280.00元（精装）